Jürgen Zeller

Von dir Gott, will ich sprechen

Jürgen Zeller

Von dir Gott, will ich sprechen

IMPULSTEXTE und PREDIGTEN zum Kirchenjahr

Fromm Verlag

Impressum / Imprint
Bibliografische Information der Deutschen Nationalbibliothek: Die Deutsche Nationalbibliothek verzeichnet diese Publikation in der Deutschen Nationalbibliografie; detaillierte bibliografische Daten sind im Internet über http://dnb.d-nb.de abrufbar.

Bibliographic information published by the Deutsche Nationalbibliothek: The Deutsche Nationalbibliothek lists this publication in the Deutsche Nationalbibliografie; detailed bibliographic data are available in the Internet at http://dnb.d-nb.de.

Coverbild / Cover image: www.ingimage.com

Verlag / Publisher:
Fromm Verlag
ist ein Imprint der / is a trademark of
OmniScriptum GmbH & Co. KG
Heinrich-Böcking-Str. 6-8, 66121 Saarbrücken, Deutschland / Germany
Email: info@frommverlag.de

Herstellung: siehe letzte Seite /
Printed at: see last page
ISBN: 978-3-8416-0501-6

Inhaltsverzeichnis

1. Impulstexte zum Kirchenjahr

2. Predigten zum Kirchenjahr

1. Impulstexte zum Kirchenjahr

Die Tür des Herzens öffnen

Zum Advent

In einem meiner Lieblingsadventslieder heißt es in der vierten Strophe: *„Macht hoch die Tür´, die Tor´ macht weit, euer Herz zum Tempel zubereit`t."*[1]

Herz - das Ur-Wort des Menschen. Ohne das Herz geht es nicht. Dies müssen viele schmerzlich erfahren. Aber es geht nicht nur um das Organ, sondern um das, was Herz in einem weiteren Sinn bedeutet: Herz, das meint die Mitte von uns Menschen, die innerste Person, da, wo wir Menschen ganz bei uns sind, wo wir mit dem Herzen dabei sind. Herz meint das Innerste unserer Motive, unserer Gedanken, unserer Kraft, unserer Gefühle. Also das, was uns zutiefst betrifft, seien es traurige oder frohe Erfahrungen, Leiden, Krankheiten oder besonderes Glück. All dies hinterlässt Spuren in unseren Herzen.

Mit dem N. (Datum) treten wir in die Adventszeit ein. Advent heißt übersetzt „Ankunft" und meint die Ankunft von Jesus Christus vor rund 2000 Jahren als Kind im Stall von Bethlehem; aber auch die Erwartung seines Kommens in Herrlichkeit am Ende der Tage. Vor allem aber meint Advent immer die Ankunft HEUTE, in diesen, unseren Tagen; bei mir, in meinem Leben, in meinem Herzen. Auch und gerade (wieder) in diesem Advent.

Gott will in den Herzen von uns Menschen ankommen - jedes Jahr aufs Neue. Er will Anteil nehmen an unserer Hoffnung, unserer Freude genauso wie an unseren Sorgen, Ängsten und Zweifeln. Davon „singt" auch das oben zitierte Lied *„Macht hoch die Tür"* (siehe Strophen 2 und 3).

---

[1] Gotteslob 2013, Nr. 218. Text von Pfarrer Georg Weißel aus dem Jahr 1623 in Anlehnung an Psalm 24.

Gott braucht ein offenes und bereites Herz, um darin anzukommen. Tatsächlich sind unsere menschlichen Herzen aber oft alles andere als offen. Sie sind zugebaut, zugeschüttet, versteckt, kaum zu erreichen. Den Weg zu einem Herzen zu finden, ist alles andere als einfach, nicht nur für Menschen, auch für Gott. Deshalb gibt es den Advent. Vier Wochen, in denen wir so manches aufräumen und wegtragen, aufspüren und offen legen können.
Wir sind nun ganz konkret wieder vier Wochen eingeladen die Tür unseres Herzens Woche für Woche weiter zu öffnen, damit wir an Weihnachten aus tiefstem Herzen einstimmen können in die fünfte und letzte Strophe von *„Macht hoch die Tür"*:[2]

Komm, o mein Heiland Jesu Christ,
meins Herzens Tür dir offen ist.
Ach zieh mit deiner Gnade ein;
dein Freundlichkeit auch uns erschein.
Dein Heilger Geist uns führ und leit
den Weg zur ewgen Seligkeit.
Dem Namen dein, o Herr,
sei ewig Preis und Ehr.

An Gottes Segen ist alles gelegen

Zum neuen Jahr

„An Gottes Segen ist alles gelegen." So weiß es der Volksmund. Gerade in der Zeit der Jahreswende hat, so denke ich, ein Segenswort besonderes Gewicht und spricht eine Segenszusage ganz besonders an. Deshalb beginnt die katholische Liturgie das neue Jahr beim Gottesdienst am 1. Januar mit einem Segenstext aus dem Alten Testament, um auf dem Weg in das neue,

[2] Ebd.

noch unbekannte Jahr einen Vertrauenszuspruch mitzugeben. In der ersten Lesung des Neujahrtages heißt es:

Der Herr segne dich und behüte dich.
Der Herr lasse sein Angesicht über dich leuchten und sei dir gnädig.
Der Herr wende sein Angesicht dir zu und schenke dir Heil.
(Buch Numeri, Kapitel 6, Verse 24-26)

Gott beauftragt Mose den Priestern des Volkes aufzutragen, es in seinem Namen zu segnen, ihm in seinem Namen „Gutes zu verheißen". Er verspricht Heil, Gnade und Hilfe.
Denn dass „an Gottes Segen alles gelegen ist", spürt auch das Volk Israel auf dem Wüstenweg in das Gelobte Land. Nichts braucht das Volk mehr, als die Zuwendung und Wegbegleitung Gottes. Sein Segen bedeutet Lebensfülle, auch bereits auf dem Weg. Gerade dann, wenn der Weg steinig und schwer wird, braucht es Kraft und Geleit. Gott legt seinen Namen auf das Volk Israel. Wir stehen in der Tradition dieses Volkes, somit gilt auch uns seine Zusage, sein Segen. Auch wir sind Gesegnete, Geführte und Geliebte. Besonders deutlich wird dies immer am Ende eines jeden Gottesdienstes bei der Entlassung mit dem Segen. Gestärkt mit Gottes Kraft sollen wir unseren (Lebens-)Weg gehen, der manchmal ebenso steinig und staubig ist, wie der des Volkes Israel.

Noch wissen wir nicht, was das neue Jahr für uns bringt, welche Wege es bereithält. Wir wissen noch nicht welche Herausforderungen auf uns warten; welche Aufgaben uns gestellt werden. Noch liegt das neue Jahr wie ein unbeschriebenes Blatt vor uns. Aber wir wissen, es gibt einen, der mit uns geht, der uns zusagt: „Ich bin bei dir! Ich gehe mit dir!". Das macht Mut, nährt die Hoffnung und stärkt das Vertrauen.

Wenn wir uns in diesen Tagen ein gutes, gesegnetes neues Jahr wünschen, dann wünschen wir uns nichts anderes als die Wegbegleitung Gottes, die im Segensgebet aus dem Buch Numeri zum Ausdruck kommt.

In diesem Sinne: ein gesegnetes neues Jahr!

Miteinander und Füreinander

Zum Valentinstag

Ist Ihnen schon aufgefallen, dass der Valentinstag in diesem Jahr auf einen … *(Wochentag nennen)* fällt?
Aber keine Sorge, das hat alles seine Richtigkeit. Denn der 14. Februar hat nichts mit einem „Dienstag“, sondern mit „Valentin“ zu tun, einem christlichen Heiligen.
Dieser lebte nach der Legende im dritten Jahrhundert als Bischof von Terni in Mittelitalien. Zu seiner Zeit konnten Menschen nicht so heiraten, wie sie wollten, z. B., weil sie als Sklaven nicht heiraten durften oder weil die Eltern mit der Wahl des Partners nicht einverstanden waren. Valentin aber, so sagt die Legende, hatte ein Herz für die Liebenden und er hat sich deshalb besonders darum gekümmert, dass auch diese Paare heimlich heiraten konnten und damit den Segen Gottes für ihre Beziehung bekamen. Der Heilige, dessen Gedenktag eben der 14. Februar ist, verhalf somit der Liebe und der Partnerschaft zum Durchbruch.
Deshalb wird bis heute der Gedenktag des heiligen Valentin als Tag der Liebenden begangen. Die Floristikindustrie hat dies in den letzten Jahren stark gefördert. Leider ist dadurch der eigentliche Namensgeber und die dahinter liegende Legende etwas in Vergessenheit geraten.

Nun könnten Sie einwenden, dass Sie nicht (mehr) verliebt sind und in keiner Partnerschaft mehr leben und damit dieser Tag für Sie keine Bedeutung hat.

Ich aber meine: Wenn Valentin der Schutzheilige der Liebenden ist, dann ist er ebenso der Patron aller Beziehungen und des Zueinanderkommens. Und wir alle leben in Beziehungen und wollen uns begegnen.
Deshalb ist sein Gedenktag auch für alle anderen die Möglichkeit inne zu halten und zu fragen:
Mit wem stehe ich in Beziehung?
Und vor allem: Wie gehen wir in dieser Beziehung miteinander um?
Welche Haltung und welcher Geist prägen unsere Begegnungen?
-Pause-

Ich lade Sie deshalb am 14. Februar zu einer Übung ein: Achten Sie doch an diesem Tag einmal besonders auf die oben genannten Fragen und beobachten, was geschieht und welche Antworten Ihnen aufgehen.

Und wenn es fruchtbar ist, dann kann diese Übung gerne an jedem weiteren Tag wiederholt und damit Stück für Stück zur Grundlage zwischenmenschlicher Beziehungen werden.

In diesem Sinne: einen erfahrungsreichen Valentinstag.

Gott hat Geduld mit uns

Zur Fastenzeit

Sind Sie ein geduldiger Mensch? Können Sie bei einer Sache bleiben? Ist Ihnen Beständigkeit wichtig? Oder lassen Sie sich treiben? Stets von einem zum andern? Erliegen Sie der Verführung sich ständig anpassen zu müssen? Oder gehören Sie zu den unerschütterlichen, die dranbleiben, die nichts und niemand aus der Ruhe bringt, deren Geduldsfaden einfach nicht reißen will?

Unter uns Menschen lassen sich wohl beide Facetten ausmachen und je nach Lebensalter und -erfahrung verändert sich der Typus vielleicht auch beim ein oder anderen.
Ich glaube - und viele Texte der Heiligen Schrift bestärken mich darin - : Gott gehört zur zweiten Gruppe; er hat Geduld mit uns.
Er geht mit, stärkt, begleitet und ist da, durch alle Höhen und Tiefen hindurch. Er steht unerschütterlich und treu zur Seite. In vielen Momenten meines Lebens und meines Dienstes habe ich dies schon so erfahren dürfen.
Auch die Texte in der Fastenzeit (vgl. z. B. Ex 3.1-8a.13-15 u. Lk 13,1-9) zeigen uns einen geduldigen Gott, der Anteil nimmt - der aber auch herausfordert. Zum nächsten, zum neuen Schritt. Dazu, sein Leben zu gestalten, seine Berufung zu finden. Und er ermutigt, das in den Blick zu nehmen, was der Veränderung bedarf, wo Umkehr notwendig ist.
Das Evangelium betont Gottes Geduld mit uns, damit unsere Bestimmung wachsen und reifen kann; damit wir Geduld mit uns selbst haben; damit wir dranbleiben, inne halten; damit wir uns verändern. Und bei einem ehrlichen Blick auf das Leben, wird jede und jeder hier Bedarf feststellen können. Gerade im Alltag in dem so vieles gewöhnlich wird; in dem sich manches einschleicht, was uns hindert und lähmt.
Dies braucht Zeit - und Gott lässt sie uns. Doch Geduld ist nicht grenzenlos, weil sie sonst sinnlos wird. Irgendwann ist eine Entscheidung dran. Ohne Entscheidungen wird Leben zur Beliebigkeit.
Die Fastenzeit, in der wir momentan stehen, ist „Gedulds- und Entscheidungszeit“. Die sieben Wochen sind jedes Jahr aufs Neue Einladung dazu, Kontakt mit dem wirklichen Leben, mit dem, was wirklich satt macht, was Bestand hat und was uns weiter bringt zu suchen. Gott traut uns etwas zu und begleitet unsere Veränderungen mit seiner Liebe.
Mit Geduld kommen verborgene Schätze zum Vorschein. Und ich glaube daran: Gott hat diese Geduld.

Nehmen wir also in dieser Fastenzeit seine Einladung zum Wachsen, Reifen und Frucht bringen von neuem an.

Geduld und Vertrauen

Zur Heiligen Woche

Mit dem Palmsonntag treten wir wieder in die Heilige Woche ein. Dieser Sonntag ist das Eingangstor in den Höhepunkt des kirchlichen Festjahres. In den Tagen von Palmsonntag bis Ostern feiern die Christen den Weg Jesu vom Dunkel ins Licht. Vom Einzug bis hin zur Auferstehung in Jerusalem. Auch wenn Weihnachten der gefühlte Höhepunkt ist - das größte und wichtigste Fest der Christen ist Ostern. Ohne Ostern lassen sich alle anderen Feste nicht denken. Auf Ostern bezieht sich alles christliche Feiern.
Zwei wesentliche Eigenschaften verbinde ich mit den Tagen der Heiligen Woche: Geduld und Vertrauen.
Und diese Eigenschaften sind uns auch dann abverlangt, wenn unser Leben durch Alter, Krankheit oder Gebrechen; durch Verlust, Schmerz und Tod Einschränkungen und Begrenzungen erlebt. All das lässt sich auch im Krankenhaus und in Pflegeeinrichtungen täglich spüren und erleben. Somit ist das, was wir Christen diese Woche feiern, ganz nah dran an unserem Leben.
Geduld und Vertrauen sind zwei Eigenschaften, die unser Leben tragen (können).

Geduld zu lernen heißt für mich, nicht gegen jede Härte zu rebellieren. Jesus ist uns darin Vorbild und Ermutigung, wenn er das ihm Auferlegte beharrlich und geduldig bis zum Ende trägt. Auch dann, wenn er nicht bis ins Letzte den Sinn darin verstehen kann. Eine Schlüsselszene für diese (und auch für die zweite Eigenschaft Vertrauen) ist für mich das Gebet Jesu im Garten

Getsemani. Dort betet er: *„Vater, alles ist dir möglich. Nimm diesen Kelch von mir!“ (Mk 14,36).*

Wie oft haben wir schon so ähnlich gebetet? Vater im Himmel, gib mir dies oder das! Nimm von mir diese Krankheit, diesen Schmerz. Gib mir wieder Kraft, Mut, Stärke, Gesundheit und Wohlergehen. Mit solchen Gebeten sind wir Jesus ganz nahe und sprechen seine Sprache. Diesem Jesus, der als Mensch niedergeschlagen und am Boden ist. Wie er vertrauen wir uns dann unserem Gott an: Vater, dir ist alles möglich und du allein kennst den Weg für uns!

Doch das Entscheidende ist: Das Beten Jesu geht weiter: *„Mein Vater, nicht das, was ich will, soll geschehen, sondern allein was* ***du*** *willst, das ist richtig!“* Jesus vertraut sich ganz und gar Gott an - auch und gerade in den dunkelsten Stunden seines Lebens. Jesus weiß darum und er vertraut darauf: Bei Gott wird es gut werden. Und seine Zusage erneuert Gott jedes Jahr an Ostern: Ich will das Leben für euch.

Auch wenn Jesus nicht bis ins Letzte den Sinn versteht, so vertraut er doch auf Gott und trägt geduldig.

Dazu kann und will er auch uns jedes Jahr aufs Neue im Blick auf die Heilige Woche ermutigen: Unser Leben - mit aller Freude und mit allem Schmerz - vertrauensvoll in Gottes Hände zu legen und es von ihm verwandeln zu lassen. Denn letztlich haben an Ostern alles Leid und aller Schmerz seine endgültige Bedrohung verloren. Gott will das Leben und er schenkt es uns über den Tod hinaus.

So können wir beten:

Herr, ich möchte vertrauen können, wie du.
Ich möchte geduldig sein, wie du.
In jener Nacht am Ölberg – in deinem ganzen Leben.
Vertrauen können auf die Liebe Gottes, unseres Vaters:
Dass er schon weiß, wie es richtig und gut ist und wird für mich.

Und dass er mir zu aller Zeit die Kraft gibt, die nötig ist,
um weiterzugehen.
Amen.

Glaubensschule Ostern

Zum Osterfest

Leben heißt lernen! Kaum etwas von dem, was wir können, was unser Leben trägt und prägt, konnten wir von Anfang an. Abgesehen von den angeborenen Instinkten und Gaben hieß es immer wieder lernen: ob laufen, sprechen, lesen oder schreiben.
Wie schnell so ein Lernprozess ist; aber auch, wie mühsam er sein kann, konnte ich immer wieder bei meinen Kindern erleben: über das Kriechen und Krabbeln haben sie laufen gelernt; über einzelne Laute und Silben das Sprechen und über kritzeln und malen schließlich das Schreiben. All diese Prozesse haben Monate oder Jahre gedauert. Denn vieles von dem, was wir uns aneignen braucht Zeit und erfordert ein Erlernen Stück für Stück, über Monate und Jahre hinweg. An manchem lernen wir gar ein Leben lang: Leben heißt lernen!

Oft werde ich gefragt: Warum feiern wir immer wieder aufs Neue das Osterfest, hören die gleichen Schrifttexte und begehen dieselben heiligen Feiern? Warum immer wieder das Gleiche?
Weil nicht nur leben lernen heißt, sondern auch der Glaube Übung braucht. Vertieftes Verstehen und wirkliches Begreifen braucht Zeit und Wiederholung, gerade im Blick auf dieses Geheimnis, welches wir an Ostern feiern.
Jedes Jahr Ostern ist die Chance, immer wieder auf eine andere Art neu zu verstehen, zu begreifen und tiefer zu gehen; mich in immer wieder anderen Situationen, in Freude und Angst, Trauer und Hoffnung ansprechen zu lassen - immer wieder und immer mehr.

Sehr schön kommt dieser Lernprozess in der Erzählung der Emmaus-Jünger zum Ausdruck (Lk 24,13-35), welche immer am Ostermontag gelesen wird. Schritt für Schritt müssen die beiden Jünger lernen, mit dem Herzen zu sehen, weil das Wesentliche für das Auge unsichtbar ist. Schritt für Schritt wächst, durch die Begegnung mit dem Auferstandenen und seiner Deutung der Schrift, in den Herzen der Jünger der Glaube an die Auferstehung und sie verstehen das große Wunder vom Sieg des Lebens über den Tod. Stück für Stück bekommen die beiden Jünger auf dem Weg nach Emmaus Herzensaugen für Ostern.
Vom früheren Bischof von Aachen, Klaus Hemmerle, stammen die Worte: *„Ich wünsche dir Osteraugen, die im Tod bis zum Leben, ... im Menschen bis zu Gott, in Gott bis zum Menschen, ... zu sehen vermögen."*[3] Der Blick mit Osteraugen sieht das Ganze, er ist der „Sowohl-als-auch-Blick": Tod und Leben; Mensch und Gott. Es ist der Blick auf das Leben, der mehr sieht als die Augen des Verstandes.
Das Osterfest und die Osterzeit sind jedes Jahr Einladung dazu, diesen Blick auf das Leben zu schärfen und neu zu lernen; sich wie die Jünger Schritt für Schritt von Jesus die Herzensaugen öffnen zu lassen. Denn: Leben heißt lernen. Glauben heißt lernen.

Hauptsache gesund?

Zur Woche für das Leben (oder auch zum Welttag der Kranken)

„Hauptsache gesund!" - so bekomme ich es in Gesprächen immer wieder zu hören. Vor allem, wenn ein neues Menschenkind das Licht der Welt erblickt hat oder ich einen Geburtstagsbesuch mache. Auch bei einer Umfrage aus

[3] Quelle: www.klaus-hemmerle.de Stichwort Texte: Ostergruß 1993.

dem Jahr 2013 des Allensbach-Instituts, was 30- bis 59-jährigen im Leben wichtig ist, liegt Gesundheit mit 90 % auf dem ersten Platz.[4]

„Hauptsache gesund!" Dieser Ausspruch löst bei mir als Klinik- und Pflegeheimseelsorger jedes Mal ein Gefühl des Unbehagens aus.

Gesundheit ist ohne Frage ein wichtiges und hohes Gut, aber wenn sie die Hauptsache ist, was ist dann mit den Menschen, die mir zur Seelsorge anvertraut sind, und denen gerade diese Hauptsache fehlt? Die zum Teil schwer von Krankheit gezeichnet sind und unter den Gebrechen des Alters leiden. Sind diese Menschen dann nebensächlich, überflüssig oder gar unerwünscht?

So manche gesetzliche Regelung oder Initiative in unserem Land legt diese Vermutung nahe: das Recht auf Abtreibung, die Präimplantationsdiagnostik, der Blut-Test auf Down-Syndrom in der Schwangerschaft oder der Wunsch nach Legalisierung von Sterbehilfe bei unheilbar kranken Menschen.

Ich erwidere in diesen Situationen: „Hauptsache Mensch!", denn ich glaube, dass wir Menschen einen Wert und eine Würde haben, unabhängig von allem Gesundheitszustand, aller Nützlichkeit und Leistungsfähigkeit. Wir haben einen Wert, den wir uns nicht verdienen müssen und den wir deshalb auch nicht verlieren können, weil wir Ebenbilder Gottes sind; von ihm einmalig und unverwechselbar geschaffen.

„Hauptsache Mensch!", denn wie schnell kann die Hauptsache Gesundheit durch einen Moment der Unachtsamkeit (z. B. bei einem Unfall) oder durch das Auftreten einer Krankheit auf einmal fragwürdig werden oder dauerhaft abhandenkommen. Will ich dann für immer nebensächlich sein?

„Hauptsache gesund!" greift auch zu kurz, weil es Menschen gibt, die innerlich krank sind, obwohl ihr Körper vor Gesundheit und Fitness nur so strotzt. Und weil es Menschen gibt, deren Körper mit Krankheit kämpft, die aber innerlich gesund, mit sich im Reinen und voller Vertrauen sind. Voller

[4] Quelle: Katholisches Sonntagsblatt der Diözese Rottenburg-Stuttgart Nr. 39/2013, S. 9.

Vertrauen zu dem, der das Leben schenkt und der es auch dann noch trägt und hält, wenn es körperliche und seelische Einschränkungen erfährt.
Ich glaube, dass wir Menschen bei Gott immer die Hauptsache sind. In Freud und Leid, in Gesundheit und Krankheit. Weil er uns liebt. Warum sollten wir Menschen es dann nicht genauso halten? - Hauptsache Mensch!

Zeige außen, was dich innerlich bewegt

Zum Hochfest Fronleichnam

Bei frisch verliebten Paaren lässt es sich gut beobachten; manchmal auch bei Menschen, die schon länger verliebt sind: dieses überströmende Glück, dieses absolute Erfüllt sein. Das, was im Innersten bewegt, will nach außen. Dieses Gefühl: "Ich könnte die ganze Welt umarmen. Ich bin erfüllt und jeder soll es merken und davon erfahren. Ich bin glücklich und jeder soll es sehen. Ich bin verliebt und jeder soll sich mit mir freuen, soll daran Anteil haben".
Wenn wir das, was hier zwischen Mensch und Mensch passiert auf das Verhältnis zwischen Gott und Mensch übertragen, dann sind wir mittendrin im Fest Fronleichnam, welches wir heute (in dieser Woche) feiern. Denn auch wir Katholiken zeigen an Fronleichnam nach außen, was uns innerlich bewegt. Auch wir sind "verliebt" und erfüllt und jeder soll und darf es sehen. Auch wir machen an diesem Fest unsere Freude und unser Glück sichtbar, geben öffentlich daran Anteil - wenigstens einmal im Jahr: an Fronleichnam!

Die Freude an diesem Tag konzentriert sich dabei auf etwas sehr einfaches: auf ein Stück Brot. Doch der Glaube bekennt: in dieser schlichten, aber lebensnotwendigen Form ist unser Gott unter uns gegenwärtig. In dieser Einfachheit ist unser Gott für uns das Allerwichtigste, das Allerheiligste. Jesus selbst sagt von sich *"Ich bin das lebendige Brot"* (vgl. Joh 6,51). Er gibt uns mehr als nur Brot, denn dieses würde nur das bloße Überleben sichern. Er gibt sich uns in der Eucharistie selbst als Nahrung: dies sichert uns das ewige

(Über-)Leben. Wer dieses Brot aufnimmt, wird nicht nur körperlich gestärkt. Wer dieses Brot aufnimmt, in dem geschieht Wandlung, Beziehung, Lebendigkeit. Der wird eins mit Jesus. Wer dieses Brot isst, der erhält unerschöpfliche Lebens- und Liebesmöglichkeiten.
Und diese Liebe will raus. So viel Liebe will sich zeigen: Seht her, hier ist unser Gott. Er geht jeden Schritt mit uns. Durch dieses Leben und auch durch den Tod. Bedingungslos! Seht her: Heute tragen wir den durch unsere Straßen, von dem wir glauben, dass er uns trägt. Durch das Leben. Und weiter!
Das wird für manche unverständlich und unvernünftig scheinen. Das wird auch Widerspruch ernten. Doch Liebe ist nicht berechenbar und mit der Vernunft zu fassen. Liebe verschenkt sich, selbstlos, überschwänglich. Liebe gibt reichlich ohne zu fragen und zu rechnen. Liebe, die erfüllt, will raus und muss sich zeigen.
Zwischen Mensch und Mensch. Und zwischen Mensch und Gott.

Herr, ich suche deine Ruhe

Zur Sommerzeit

Die Monate Juli und August gehören zu den beliebtesten Urlaubsmonaten bei uns. Viele Menschen nutzen die Gelegenheit, um aus dem Alltag auszubrechen und sich eine Auszeit zu nehmen. Sie fahren ans Meer oder in die Berge; fliegen in ferne Länder - allein, mit Freunden oder mit der Familie.
Auch die Bibel berichtet uns von den Jüngern, die von Jesus eingeladen werden, ihren Dienst zu unterbrechen und aufzutanken. So erzählt uns das Evangelium vom 16. Sonntag im Jahreskreis (B), welches kurz vor den Sommerferien in der katholischen Liturgie gelesen wird, folgendes:
Die Apostel versammelten sich wieder bei Jesus und berichteten ihm alles, was sie getan und gelehrt hatten. Da sagte er zu ihnen: Kommt mit an einen

einsamen Ort, wo wir allein sind, und ruht ein wenig aus. Denn sie fanden nicht einmal Zeit zum Essen, so zahlreich waren die Leute, die kamen und gingen. Sie fuhren also mit dem Boot in eine einsame Gegend, um allein zu sein. (Mk 6,30-32).

Wir Menschen brauchen Zeiten der Regeneration, der Ruhe und Erholung, um den Aufgaben Zuhause und am Arbeitsplatz auf Dauer gewachsen zu sein und gerecht zu werden.
Genau diesen Sinn (innerhalb der Arbeitswoche) hat übrigens auch der Sonntag mit dem Gottesdienst. Er will eine „Ruheinsel" im Alltag sein. Eine Zeit, in der wir einfach wir selbst sein dürfen; in der nichts von uns verlangt wird und wir nichts leisten müssen. Wir dürfen einfach da sein vor Gott!

Was aber, wenn es aufgrund von Alter, Krankheit oder Gebrechlichkeit nicht mehr möglich ist ans Meer oder in die Berge zu fahren? Wie ausspannen, wenn uns die Hektik des Alltages nicht mehr so fordert wie früher in Familie und Beruf? Ist dann eine Erholung nicht mehr möglich oder nötig?
Dann kommt für mich ins Spiel, dass Erholung neben der körperlichen auch eine geistliche Komponente hat. Auch wenn es nicht mehr möglich ist, in ferne Länder zu reisen; auch dann, wenn der Alltag uns nicht mehr vollen Einsatz abverlangt, ist ein geistliches Auftanken notwendig und sinnvoll. In der christlichen Tradition ist dies fest verankert („bete und arbeite" – bitte beachten, was zuerst genannt wird!). Für dieses Innehalten ist ein Vers oder ein Satz aus einem Gebet oder Psalm besonders hilfreich, der mich ruhig werden lässt und zur Mitte zurückführt. So wie es oben im Markus-Evangelium heißt: „Versammlung bei Jesus."

Gerne gebe ich Ihnen deshalb in die Sommermonate ein Gebet von Martin Pepper[5] mit, das sich dafür bestens eignet. Es lehnt sich an die Verse eins und zwei von Psalm 131 an:

---

[5] Text aus Lied: „Auge im Sturm" von Martin Pepper, 1997 Projektion J Musikverlag, Asslar

Herr, ich suche deine Ruhe,
fern vom Getöse dieser Welt.
Ich hör jetzt auf mit allem, was ich tue,
und tu das eine, das im Leben zählt.
Ich geh im Geist jetzt vor dir auf die Knie
und höre auf die Stimme meines Herrn.
Führe du mein Innerstes zur Ruhe
und lass dein Feuer meine Hast verzehren.
Du bist ein starker Turm,
du bist das Auge im Sturm.
Du sprichst zum aufgewühlten Meer
meiner Seele in mir, Herr:
Friede mit dir!

Immer und überall einzusetzen. Mit einem Satz, einem Vers, einem Gebet „Urlaub“ vom Alltag zu machen und geistlich aufzutanken, neuen Mut und neue Kraft zu schöpfen.

Gutes Gelingen dabei und einen gesegneten Sommer.

Ich rufe dich bei deinem Namen

Zum Fest Mariä Namen oder zum Namenstag

Wie oft haben Sie ihn heute schon gehört?

Wie oft wurden Sie heute schon damit gerufen oder angesprochen?

-Pause-

Mit Ihrem Namen!

Von Menschen, die Sie lieben? Von Bekannten, Freunden oder Kollegen?

Unser Name gehört zu den Dingen, die unser Leben prägen - aber auf die wir keinen Einfluss haben. Unser Name wird für uns ausgewählt. Und wir tragen ihn dann unser Leben lang.
Wissen Sie, warum sich Ihre Eltern gerade für Ihren Vornamen entschieden haben?
-Pause-
Wissen Sie, was Ihr Name bedeutet?
-Pause-
In der katholischen Kirche ist es Tradition, dass jede/r Getaufte einen Namenspatron zur Seite gestellt bekommt, einen Heiligen, der eben diesen oder auch einen ähnlichen Vornamen getragen hat.
Namenspatrone sind berühmte und liebe Menschen, die so gut an ihren Mitmenschen gehandelt haben und für Gott eingetreten sind, dass man sie selbst nach Hunderten von Jahren nicht vergessen hat.
Ihre Biografie kann ein guter Leitfaden für das eigene Leben sein. Es lohnt sich für jede/n, einmal nachzuforschen, wer mein/e Namenspatron(in) ist.

Unser Name prägt unser Leben und unsere Persönlichkeit. Wir sind nicht einfach irgendwer - eine Zahl oder eine Nummer - austauschbar und beliebig. Wir sind etwas Besonderes, einmalig und unverwechselbar.

Dies bringt auch die christliche Taufe zum Ausdruck: Sie geschieht unter Nennung des Vornamens (der Vornamen). Denn für Gott sind wir - jede/r so wie er/sie ist, mit seinen/ihren Begabungen und Fähigkeiten - besonders und unverzichtbar.
Auch wenn uns die Gesellschaft einreden will, dass wir nur etwas wert sind, wenn wir Leistung erbringen und Besitz vorweisen können.
Gott sieht auf unsere Einmaligkeit und unsere Persönlichkeit, welche sich vor allem im Namen ausdrückt!

Warum ich so viel vom Namen schreibe?

Weil die katholische Kirche (heute) am 12.09. ein Namensfest begeht, das Fest des Namens Maria. Alle Frauen, die Maria oder einen davon abstammenden Namen tragen, können heute Namenstag feiern.
Dieses Namensfest hat seinen Ursprung bereits im 16. Jahrhundert in Spanien. Der Berufung auf den Namen der Gottesmutter Maria wird dann im 17. Jahrhundert ein Wunder zugeschrieben. Seitdem feiert die ganze Kirche dieses Fest.

Maria oder Mirjam heißt aus dem Hebräischen übersetzt: *„die von Gott geliebte"*. Somit bringt dieses Fest für mich gerade das auf den Punkt, was auch unser Vorname aussagen will und was in der Taufe gefeiert wird:
Dass wir Geliebte, Geachtete, Gewollte sind; Menschen mit Wert und Würde vom Anfang bis zum Ende.
[Hier ggf. Informationen zum jeweiligen Namenstag einfügen. Quelle für Informationen: www.heiligenlexikon.de]

Glaube sei Tat!

Zum Fest des Heiligen Martin

16.500 Worte pro Tag - so viel spricht ein Mensch laut einer amerikanischen Studie von 2007 im Durchschnitt. Worte gehören zu unserem Leben; ja sie prägen unser Leben. Mit ihnen teilen wir uns mit und drücken uns aus. Viele längere und kürzere Gespräche bestimmen unseren Alltag. Geradezu überfallartig stürzen sie so manches Mal auf uns ein. Ob in gesprochener oder gedruckter Form: bei Vorträgen und Konferenzen, durch Radio und Fernsehen, in Zeitungen und Büchern. 16.500 Worte pro Tag, das sind rund 10 pro Minute.

Die Figur des bekannten Heiligen, dessen Fest die Kirche am (heutigen) 11. November begeht, setzt dagegen einen ganz anderen Akzent. Der Heilige

Martin beweist eindrucksvoll, was Jesus in seiner Rede vom Weltgericht (Mt 25,31 ff.) zum Ausdruck bringt: Diese Rede spricht nicht von Worten, sie spricht von Taten. Kurz zusammengefasst lautet die Botschaft: Glaube sei Tat!

Nicht auf ein Glaubensbekenntnis oder die Einhaltung eines Gesetzes kommt es nach den Worten Jesu an, sondern auf den konkreten Dienst am Nächsten. Gemessen wird also am Tun. Liebesdienste sind die höchste Form der Erfüllung des Willen Gottes. Oder eben: Glaube sei Tat! Bis heute ist Martin in lebendiger Erinnerung; wird sein Tag von Groß und Klein gefeiert. Doch nicht wegen vieler Worte, großer Reden oder verfasster Schriften; sondern wegen der konkreten Tat. Die Mantelteilung am Stadttor von Amiens hat ihn uns ins Gedächtnis gebrannt, macht ihn seit knapp 1700 Jahren unvergessen und zum Vorbild. Keine lange Rede, kein Verweis auf jemanden anderen, kein „Ausfüllen eines Antrages", sondern das notwendige Werk der Liebe tun an dem, der mir gerade gegenübersteht, der meine Hilfe braucht - selbstlos, ohne Nachzudenken. Dafür steht der Heilige Martin.

Er macht mit seinem Handeln eine tiefe Wahrheit des Christentums deutlich: Unser Gott steht auf der Seite der Schwachen und Vergessenen. Wer dem Armen, dem Vernachlässigten, "dem Geringsten" hilft, hilft dem, auf den es Gott ankommt. „Dein Einsatz für ihn", so ruft uns Jesus zu, „ist Dienst an mir und Erfüllung meines Auftrages: Du handelst so, wie auch ich gehandelt habe."

„Der bedeutendste Mensch ist immer der, der dir gerade gegenübersteht. Das notwendigste Werk ist stets die Liebe.", so der Mystiker Meister Eckhart.

16.500 Worte pro Tag. Die Worte Jesu und das Vorbild des Heiligen Martin sind uns (heute) Aufforderung, wenigstens **eines** davon durch Handeln zu ersetzen. Glaube sei Tat!

Ordnung in den Tag bringen

Zum Tagesabschluss - zur Komplet

Sind Sie ein ordnungsliebender Mensch?
Oder sind Sie eher das Genie, welches das Chaos beherrscht?
Gehören Sie zu den Menschen, die ihre Sachen gleich aufräumen oder geraten bei Ihnen am Schreibtisch die Papierstapel manchmal bedenklich ins Wanken?
Ganz egal zu welcher Gruppe Sie gehören: irgendwann muss aufgeräumt werden. Früher oder eben später!
Aufräumen bedeutet immer auch entscheiden. Ich kann nicht alles aufheben, ich muss mich trennen und manche Dinge landen deshalb eben im Papierkorb.
Wichtig aber ist: Bevor ich mich entscheide, aufräumen oder doch lieber Ablage P., muss ich mir die Dinge zuerst noch einmal ansehen: Prospekte, Fotos, Briefe, Zeitungsausschnitte, Notizzettel, usw.
So heißt aufräumen auch immer nochmal einen Blick zurück werfen auf die Menschen und Ereignisse, die mit den Dingen verbunden sind.

Was für den Schreibtisch gilt; das gilt auch für unser Innerstes, für unseren Geist. Auch diesen muss ich immer wieder sortieren.
Am besten lasse ich den Stapel nicht allzu groß werden, sonst verblassen Erinnerungen und Begegnungen sehr rasch.

Die Kirche empfiehlt eine solche „Sortierarbeit" als Rückblick auf den Tag für jeden Abend. Sich vor dem Zu-Bett-gehen einige Minuten Zeit zu nehmen, um auf den Tag zurück zu schauen, ihn zu sortieren, Ereignisse und Begegnungen einzuordnen. Das Schöne noch einmal nachempfinden und auskosten, das Ärgerliche und Unschöne loslassen; wo notwendig um Vergebung bitten.

Gott für den vergehenden Tag „Danke“ sagen und ihn um Kraft und Segen für den neuen bitten.
Und ihm den Tag zurückgeben, damit er ihn aufhebt.

Vielleicht bietet gerade der heutige Tag die Möglichkeit sich in diese geistliche „Rückblick und Ablageform“ einzuüben?

Gutes Gelingen dabei!

2. Predigten zum Kirchenjahr[6]

Werdet wach und bleibt wachsam

1. Advent – Lesejahr B – Mk 13,33-37

Es gibt Worte, die bringen etwas in Bewegung; die rütteln auf, die haben Kraft von Grund auf alles zu verändern. Ein **„Hilferuf"** in Notlagen; das Bekenntnis **„Ich bin für dich da"** in Situationen der Einsamkeit, Verlassenheit oder Verzweiflung. Ein **„Ich liebe dich"** als Zusage von Treue und Verlässlichkeit.
Es gibt Worte, die haben Macht und Kraft zur Veränderung. Es gibt Worte, die eine neue Perspektive schaffen oder den Horizont weiten.
Wir Menschen erschöpfen uns nicht im Wort - aber wir brauchen das Wort das anstößt, bewegt und verändert.

Auch im heutigen Evangelium hören wir so ein Wort: **„Bleibt wach! - Seid wachsam!"** Zu Beginn und als Abschluss einer Rede im Evangelium gebraucht es Jesus.
Die Liturgie hat es für den ersten Sonntag des neuen Kirchenjahres, für den ersten Advent ausgewählt.
Mit dem heutigen Tag beginnt für die Kirche die Zeit des Wartens, der Achtsamkeit und der Ruhe, um sich auf die Ankunft Gottes in der Welt - in unserer Welt - vorzubereiten und auszurichten; um mit allen Sinnen geschärft auf die Feier der weihnachtlichen Hochfeste zuzugehen.
Doch wir Menschen sind allzu oft in unserer Gewohnheit gefangen. Alles geht seinen gewohnten Gang.
Da braucht es, das weiß die Kirche, ein aufrüttelndes, bewegendes Wort zu Beginn dieser Zeit. Sonst wird es nichts mit der wachsamen Haltung. Das

---

[6] Bei den meisten Predigten sind *kursiv in Klammern gesetzte* Zwischenüberschriften angegeben. Diese dienen der Gliederung, sowie der besseren Vorbereitung des Predigers und werden nicht vorgetragen.

zeigt die menschliche Erfahrung allzu oft, auch in anderen Lebensbereichen, die Wachsamkeit erfordern.

Die mahnenden Worte Jesu aus der Anfangszeit haben für uns heute ihren Schrecken eingebüßt. Die ersten Christen standen in der Naherwartung: der Herr kommt bald. Deshalb haltet euch bereit.
Aus diesen ersten Gläubigen sind Christen geworden, die sich in der Welt eingerichtet haben, die den gewohnten Lauf der Dinge nur schwer unterbrechen können. Heute schrecken uns eher Katastrophennachrichten auf und lassen uns an der Zukunft zweifeln; weniger die Wiederkunft Christi.

Deshalb beginnt die Kirche die Adventszeit mit einem aufrüttelnden Wort, das uns in Bewegung bringen soll.
Wer sich aufrütteln lässt, der überdenkt sein Leben neu. Nur der kann erkennen, was beständig ist und was vergeht. Worauf es sich auszurichten lohnt und was vergänglich ist.

Jesus erinnert uns in aller Unbeständigkeit unserer Welt und unseres Lebens an sein Wort, das bleibt.
An Weihnachten werden wir es wieder hören: *„Und das Wort ist Fleisch geworden" (Joh 1,14).* Er selber ist es, das Wort der Liebe, das uns anspricht, das uns greifbar und spürbar nahe kommt.

Wir sollen uns aufrütteln und bewegen lassen. Wir sollen für das Wort der „Wachsamkeit" aber auch einstehen in einer Zeit, die den Sinn für das Wesentliche, den Sinn für Achtsamkeit, für Ruhe und wirkliche „Besinnung" mehr und mehr zu verlieren droht, weil es mit dem Konsum oder der Befriedigung eines schönen Gefühls nicht bald und schnell genug los gehen kann. Wer den Advent nur so nutzt, der wird abgehetzt an der Krippe ankommen und den entscheidenden Moment verschlafen.

Wir sollen uns aufrütteln und bewegen lassen. Und das muss nicht Rückzug heißen. „Wach sein“ meint vom ursprünglichen Wortsinn „frisch und munter“. Der Advent soll in diesem Sinne für uns eine Zeit der frohen Erwartung sein, die an Weihnachten (und erst da!) zu Ihrem Höhepunkt gelangt. Keine Zeit, in der ich mich schon vorher verausgabe.
Und um in meiner Haltung frisch und munter zu sein, muss ich auch aktiv etwas dafür tun.
Ich denke hier an Momente der Ruhe, der Stille, der Besinnung für Leib und Seele genauso wie an aktiv sein für andere und zu fragen, wo ich in diesem Advent auch gebraucht werde:
*Gibt es einen Besuch, den ich schon zu lange aufgeschoben habe?
*Braucht es ein tröstendes und verzeihendes Wort, das ich schon lange sprechen sollte?
*Weiß ich um einen Ort, wo eine helfende Hand gerade jetzt nötig ist?
Oder einfach Zeit in der Natur verbringen: meine Gedanken zur Ruhe kommen lassen.
All dies sind Möglichkeiten neu für Gottes Ankunft in dieser Welt und in mir wach zu werden.

Vier Wochen sind uns dafür gegeben.
Deshalb: Werden wir wach und bleiben wir wachsam!

Das Kind in der Krippe verkündet das Königtum Gottes

1. Weihnachtstag – Lesejahr A – Jes 52,7-10 und Joh 1,1-18

(Machthaber, die absolut über ihr Volk verfügen)

„Der geliebte Führer ist tot.“ So die Meldung der nordkoreanischen Nachrichten Anfang letzter Woche. Mit Kim Jong Il ist ein Machthaber verstorben, der auch in unseren Tagen absolut über die Geschicke seines Volkes verfügt hat. Wie bei den Monarchien im Mittelalter, so herrschte auch er mit absoluter Machtfülle - gestützt von China und toleriert von den USA - vor allem gegen sein Volk. Korruption, Armut, Hunger, Gewalt, Folter, fehlende Meinungsfreiheit, sowie Missachtung grundlegender Menschenrechte - vor allem dafür ist die Demokratische Republik Korea, wie Nordkorea offiziell heißt, bekannt.

Einige andere Machthaber dieser Couleur haben im zu Ende gehenden Jahr die zornige und verzweifelte Antwort des unterdrückten Volkes gespürt – in Tunesien, in Ägypten, und in Libyen. Revolutionen und Aufstände, die von den Herrschenden teils mit massiver Gewalt beantwortet wurden, gehören sicher zu den „Bildern des Jahres". Und die momentane Situation in Syrien und auch in Russland nach der Wahl, sowie das nun entstandene Machtvakuum zwischen Militär und dem „geliebten Nachfolger" Kim Sung Un in Nordkorea lassen auch für das kommende Jahr weiterhin solche Bilder vermuten.

Völker im Kampf gegen ihre Herrscher und die Freude der Menschen nach dem Rückzug der Unterdrücker als Vermächtnis dieses Jahres.

(Ankündigung des Königreiches Gottes als Gegenentwurf dazu)

Wie ein Gegenentwurf hört sich da die heutige Lesung aus dem Buch Jesaja an. Der Prophet stellt den Erfahrungen von menschlichen Herrschern das Königtum Gottes gegenüber, dessen Ankündigung Freude auslöst. Die Herrschaft Gottes bringt Frieden, Heil und Rettung.

Wo Menschen vor den Scherben ihres Lebens stehen, wo eine Welt in Trümmer gelegt worden ist, (wie beim Volk Israel in der Gefangenschaft in Babylon) wird Trost und Erlösung verheißen. Eine neue, gerechte und friedvolle Ordnung kann gebaut werden und eine Gemeinschaft, in deren Mitte Gott lebt, kann wachsen.

(Grundlage für Gottes Königtum des Friedens: das Kind in der Krippe)

Dieses Gegenbild des Königtums Gottes im Blick auf die Diktaturen dieser Welt findet seine Grundlage in einem anderen Jesaja-Text, von dem in der

Heiligen Nacht die Rede war und dessen Formulierungen auch Johannes in seinem Hymnus aufgreift.

„Das Licht leuchtet in der Finsternis" (Joh 1,5) weil uns ein Kind geboren ist: „man nennt ihn Fürst des Friedens; er festigt und stützt sein Reich durch Recht und Gerechtigkeit, jetzt und für alle Zeiten" (vgl. Jes 9).

Schon hier in Kapitel 9 kehrt Jesaja die gängigen Vorstellungen eines Herrschers um und verweist alle menschlichen Allmachtsfantasien in ihre Grenzen: Die Herrschaft dieses Königs, dieses Kindes gründet sich nicht auf Macht, sondern auf Liebe.

Ein Königtum mit Macht hat nur Sieger und Verlierer zur Folge, die immer miteinander ringen werden. Genau dies konnten wir in diesem Jahr allzu oft beobachten.

Ein kleines, schutzloses, wehrloses Kind aber fordert zur Liebe heraus. Ein Königtum der Liebe lässt Heil unter den Menschen wachsen.

In dem Kind in der Krippe, *„im einzigen Sohn voll Gnade und Wahrheit" (Joh 1,14)* ist das von Jesaja verheißene Friedensreich auf uns zugekommen, und hat Gestalt angenommen; wurde sichtbar und spürbar im Leben und Wirken des Jesus von Nazareth und hat eine Dimension bekommen, die über den Tod hinaus geht und die in der Auferstehung allen Tod und alles Leid verwandelt.

Durch das Kind in der Krippe hat Gott sein unbedingtes Liebeswort in unsere Welt hineingesprochen. Er schenkt sich selbst, indem er einer von uns wird. Das macht uns unendlich wertvoll. Deshalb steht es uns Menschen nicht zu, anderen Menschen, z. B. auf Grund von Krankheit oder fehlender Nützlichkeit oder Leistungsfähigkeit, Wert und Würde abzusprechen!

Wir alle, Gesunde und Kranke, Alte und Junge, Schwache und Leistungsfähige, sind von Anfang an „Göttliche"; sind von Anfang an Berufene und Erlöste. In uns soll das göttliche Wort immer wieder und immer mehr Mensch werden, deshalb kommt Gott jedes Jahr aufs Neue auf uns zu, weil wir immer

wieder andere Menschen sind. Mit neuen Freuden, neuen Hoffnungen, neuen Sehnsüchten.
Die Menschwerdung Gottes in uns ist kein einmaliger Akt, sondern ein Lebensprogramm, ein Prozess, der erst im Tod zur Vollendung gelangen wird.

(*Herz auf für den Freudenboten)*
Heute dürfen wir die Geburt des göttlichen Kindes feiern, durch das Gott den Himmel in unsere zerrissene und verletzte Welt unwiderruflich eingepflanzt hat, damit allen Menschen sein Heil zuteilwird (vgl. Gotteslob 2013, Nr. 221).
Wir dürfen den Anbruch von Gottes Friedensreich auf Erden feiern.
Heißen wir ihn also willkommen, den Freudenboten, *„der uns vom Vater die Kunde gebracht hat" (Joh 1,18);* öffnen wir ihm unser Herz, damit er uns neu erfüllen kann mit weihnachtlicher Freude und göttlicher Liebe, die Hoffnung und Nahrung gibt für das neue Jahr und für unser ganzes Leben.

Bereitschaft, Bekenntnis, Treue und Erfüllung: das Zeugnis des Simeon

Darstellung des Herrn (Mariä Lichtmess) - Lk 2,22-31

40 Tage sind vergangen - 40 Tage seit dem beschwerlichen Weg von Maria und Josef von Nazareth nach Bethlehem.
Und jetzt machen sich Maria und Josef wieder auf. Sie gehen in den Tempel von Jerusalem, um gleich zwei Vorschriften des Gesetzes zu erfüllen: Die männliche Erstgeburt dem Herrn weihen und die Reinigung der Mutter vollziehen, die 40 Tage lang, nach der Geburt eines männlichen Kindes, als unrein galt.
Bei diesem, für Menschen der damaligen Zeit gewöhnlichen, Ereignis kommt es zu einer ganz besonderen und außergewöhnlichen Begegnung. Einer Begegnung zwischen Jung und Alt. Einer Begegnung zwischen dem „alten"

Israel und dem „neuen“ Bund, den Gott durch seinen Sohn geschlossen hat. Zur Begegnung zwischen dem jungen Jesus und dem greisen Simeon.
Dieser Simeon, der Zeit seines Lebens auf diesen Augenblick gewartet hat; dem nichts und niemand seinen Glauben an Rettung und Erlösung hat nehmen können. Er, der die Rettung Israels herbeisehnte, ist die zentrale Figur in dieser Erzählung.
Dieser Alte gibt der tagtäglichen Kulthandlung erst die entscheidende Wendung. Denn,
*wäre er nicht im Tempel gewesen;
*hätte er nicht durch alle Tiefen seines Lebens hindurch an Gott geglaubt;
*hätte er die Hoffnung auf Rettung durch den Messias aufgegeben;
*hätte er sich nicht für die Begegnung mit seinem Herrn bereitgehalten,
der Akt im Tempel wäre zu einer Randerscheinung geworden.

So lassen sich für mich, aus der Begegnung zwischen Simeon und Jesus im Tempel von Jerusalem, vier Handlungsimpulse für uns Leben ableiten:

1. Simeon war bereit – bereit für die Begegnung mit seinem Herrn. Er richtete sein Leben ganz auf die Begegnung mit seinem Messias und Retter aus. Dies lässt fragen: Wie steht es mit meiner Bereitschaft zur Begegnung, zum Kontakt mit dem Herrn? 40 Tage nach Weihnachten?
2. Simeon war Prophet. Prophet des „alten“ Bundes an der Schwelle einer neuen Zeit. Er erkennt in Jesus seinen Herrn und Erlöser und verkündet ihn feierlich. Maria und Josef staunten gar über seine Worte heißt es im Evangelium weiter. Dies lässt fragen: Bringe ich meine Mitmenschen mit einem Lobpreis, einem Bekenntnis, zu meinem Herrn Jesus Christus auch ab und an zum Staunen?
3. Simeon war treu. Ein langes Leben lag bereits hinter ihm. Viele seiner Wünsche und Hoffnungen hatten sich (noch) nicht erfüllt. Er aber, *„gerecht und fromm“* wie Lukas berichtet, bleibt treu im Glauben an Gottes Verheißungen aus dem „alten“ Bund. Sein Glaube und seine

Hoffnung lassen ihn tiefer blicken. Dies lässt fragen: Wie steht es um meine Treue, meiner Hoffnung auf meinen Gott, angesichts der Enttäuschungen in meinem Leben?

4. Simeon ließ sich erfüllen. Er ließ sich erfüllen vom Glanz des Kindes. Vom Licht der Liebe Gottes zu uns Menschen. Vom Geheimnis der Weihnachtsbotschaft. Dies lässt fragen: Wie steht es um mein „erfüllt sein“ 40 Tage nach der Geburt des Herrn?

Simeon, ein alter Mann. **Bereit, treu, gerecht und fromm, Sprachrohr Gottes** und **erfüllt von der Herrlichkeit seines Herrn**.

Simeon, ein alter Mann, dessen Lebens- und Glaubenszeugnis mich beeindruckt. Seine Treue und Bereitschaft; sein Bekenntnis und seine Erfüllung beeindrucken mich so, dass ich nur einen Wunsch am Ende dieser Weihnachtszeit (und ich denke, die Geschichte über Simeon steht nicht zufällig am Übergang in die Zeit des Jahres) für mich und Sie formulieren kann:

Dass wir uns anstecken lassen vom Glaubens- und Lebenszeugnis des alten Simeon. Dass wir uns anstecken lassen von seinem Leben, das durch die unerschütterliche Liebe zu seinem Gott geprägt war.

Dass die Freude über die Menschwerdung Gottes dieses alten Mannes, die wir an Weihnachten intensiv gefeiert haben, auch unser Leben mit Bereitschaft, Treue und Bekenntnis erfüllt.

Ich bin die Auferstehung und das Leben – Glaubst du das?

5. Fastensonntag – Lesejahr A – Ez 37,12b-14 und Joh 11,1-45

Vorwürfe, Anklage, ein Stück weit Verbitterung. All das klingt aus den Worten von Martha im heutigen Evangelium: *„Herr, wärst DU hier gewesen!“ (V. 21)* Aber ist ihre Reaktion nicht verständlich?

Da ist das Entsetzlichste geschehen, was passieren kann: der Tod tritt ins Leben. Ein lieber und vertrauter Mensch stirbt; hier nach einer Zeit der Krankheit, die auch schon Kraft gekostet hat.
Damit kommt uns Martha ganz nah, denn wie oft beginnen unsere Gedanken, Worte, Vorwürfe und Zweifel mit: Wäre, hätte, würde oder sollte?
Und es ist ja auch allzu verständlich, dass dann, wenn uns bittere Erfahrungen heimsuchen, Klage, Wut, Sorge und Zweifel in uns hochkommen:
*wenn eine Krankheit an uns zehrt,
*wenn die Gebrechen des Alters mehr und mehr zur Last werden,
*wenn uns die Sorge um liebe Menschen umtreibt,
*oder wenn wir mit der Endgültigkeit des Todes konfrontiert sind.
Dann wendet sich unser Blick zum Himmel: „Herr, wärst du nur hier! Herr, komm doch zur Hilfe!"
Die Erfahrung der Martha ist die Erfahrung all jener Menschen, die mit so vielem, was im Leben passiert, was es bereithält, was es abverlangt nicht zurechtkommen. Und die dann meinen: Gott hört meine Sorgen und Nöte doch gar nicht!

Martha ist ein Stück weit verbittert. Doch sie hält an der Enttäuschung nicht fest, sondern sie bewahrt sich die Hoffnung und Zuversicht. Sie hält sich an das, was ihr vorher schon Halt gab: *„Aber auch jetzt weiß ich: Alles, worum du Gott bittest, wird Gott dir geben." (V. 22)*
Martha vertraut, obwohl vieles dagegenspricht. Fast ein trotziges Vertrauen - und es wird belohnt.

Bei vielen meiner Besuchen und Gesprächen im Krankenhaus höre ich immer wieder Sätze wie: „Jammern bringt mich nicht weiter. Wenn ich die Hoffnung aufgebe, habe ich schon verloren."

Und genau zu diesem Bekenntnis der Hoffnung werden wir heute, auf dem Weg hin zum Osterfest, herausgefordert mit der alles entscheidenden Frage: *„Glaubst du das?“ (V. 26b)*
An der Antwort auf diese Frage entscheidet sich das Christentum.
Glaubst du, dass ich die Auferstehung und das Leben bin?
Glaubst du, dass ich dich zu einem neuen Leben berufe, das keinen Schmerz, kein Leid, keine Klage und keinen Tod mehr kennt?
Ohne das Bekenntnis zur Auferstehung, zur österlichen Hoffnung über den Tod hinaus, bleibt vom christlichen Glauben nicht mehr viel übrig. Er erschöpft sich dann in einem moralischen Bekenntnis zum Guten und Schönen - hier im Diesseits. Aber er hat keinen Blick mehr über diese Welt hinaus, keine Offenheit für das Reich Gottes.

Vielen Menschen fällt es schwer, an die Auferstehung zu glauben. Auch zahlreiche Christen können mit einem Leben nach dem Tod nicht viel oder nichts mehr anfangen. Das liegt zum einen daran, dass wir in einer materialistischen Welt leben. Wir glauben nur das, was wir sehen, anfassen und begreifen können. Ein anderer Grund besteht darin, dass in der Vergangenheit falsche und kitschige Vorstellungen vom Himmel verbreitet wurden; und sehr genau gesagt wurde, wie es denn auszusehen habe, dieses „Leben nach dem Tod.“

Wir sollten uns davor bewahren, hier genaue Zustandsbeschreibungen zu machen. Die Bibel verwendet deshalb Bilder und Jesus selbst gibt darauf keine eindeutige Antwort.

Aber er macht unsere Existenz an ihm und in ihm fest. Im Glauben an IHN steckt die Zusage: „Mein Leben fällt im Tod nicht einfach ins Leere, ins Nichts. All das, was mein Leben bisher ausgemacht hat, bleibt über den Tod hinaus bewahrt. Ich komme von Gott und kehre zu ihm zurück. Alles Bruchstückhafte, alles Fragwürdige, alles Verletzte und Versäumte dieses

Lebens findet Vollendung und ist aufgehoben in der Liebe und Barmherzigkeit Gottes.“

Das Evangelium vom heutigen Sonntag zeigt: Es lässt Gott nicht kalt, wenn im Leben Krankheit, Leid und Tod das Sagen haben. Es lässt ihn nicht kalt, wenn Menschen stöhnen und aufschreien, weil ihnen das Leben zu schwer wird.
Er will uns herausholen aus den Gräbern (vgl. 1. Lesung). Aus all dem, was in unserem Leben dunkel ist und wo sich die Macht des Todes zeigt.

Jesus am Grab des Lazarus.
Jesus an unseren Gräbern des Leids, der Verzweiflung, der Angst und der Schuld mit der Zusage der Auferstehung und des Lebens.

Wir sind auf dem Weg nach Ostern und sind jetzt vor dem Eintritt in die Heilige Woche schon aufgefordert innezuhalten und zu bedenken, was wir an Ostern feiern und Antwort auf seine Zusage zu geben: „Ich bin die Auferstehung und das Leben“!
Glaubst du das?“

Perspektivenwechsel Ostern: Von der Furcht zur Freude
Osternacht – Lesejahr A – Ex 14,15-15,1 / Röm 6,3-11 / Mt 28,1-10

(Ereignisse von Furcht und Schrecken beherrschen unsere Welt)
Es waren ereignisreiche Monate und Wochen bisher in diesem Jahr. Was ist nicht alles geschehen seit der Jahreswende? Was hat uns nicht ins Nachdenken, in Aufregung, ja in Angst und Schrecken versetzt:
Die größtenteils friedlichen Umbrüche in Tunesien und Ägypten. Eine friedliche Revolution des Volkes hin zu mehr Demokratie.

Mir kommt bei diesen Bildern die Lesung aus dem Buch Exodus in den Sinn: Auszug aus dem Sklavenhaus. Ein Auszug von Menschen aus dem Diktat von Angst und Furcht, von Fremdbestimmung und Unterdrückung.
Anders dagegen in Libyen: Dort jagt der Machthaber seinem Volk unerbitterlich nach. Es gibt blutige Auseinandersetzungen, welche die internationale Gemeinschaft herausfordern.
Und nicht zu vergessen: Zu Beginn der österlichen Bußzeit die schreckliche Naturkatastrophe und der damit verbundene Atomunfall in Japan, dessen Auswirkungen wir bis in unser Land spüren konnten und weiter spüren werden. Ereignisse, welche uns die Grenzen des menschlich beherrschbaren aufzeigen. Ereignisse, die uns zum Handeln und Umdenken zwingen.
Nicht zu vergessen, die ganz persönlichen Angst- und Schreckensereignisse jedes einzelnen von uns.

(Furcht und Angst am Tag nach dem Sabbat)
Auch im eben gehörten Evangelium von Matthäus ist von Ereignissen die Rede, die Furcht und Angst auslösen.
Zwei Frauen sind, nach den Erfahrungen des Karfreitags, auf dem Weg zum Grab, das von Soldaten bewacht wird. Denn die Hohepriester haben Angst davor, dass der Leichnam Jesu gestohlen werden könnte.
Und auf diesem Weg werden sie im wahrsten Sinne des Wortes "erschüttert". Ein Erdbeben kündigt den Engel an, der den Stein vom Grab wegnimmt und sich darauf setzt.
Dass dies bei den Beteiligten Angst und Zittern auslöst, ist gut nachvollziehbar. Nach dem Trauma des Karfreitages sind die beiden Frauen selbst noch in Angst und Furcht vor der Zukunft gefangen. Und jetzt diese Erschütterung!

(Fürchtet euch nicht! – Die Botschaft der Hoffnung nährt die Freude)
In Furcht und Angst hinein handelt Gott. Er selbst greift ein. Was hier geschieht - Auferstehung - ist nicht Menschenwerk, sondern Wirken Gottes.

In Furcht und Angst hinein ergeht sein Ruf aus dem Mund des Engels: “Fürchtet euch nicht!”
In diese Erschütterung hinein, die erst die Offenheit für seine Botschaft bewirkt, lässt er den Engel verkünden: “Der Gekreuzigte, den ihr im Grab sucht, (Wo nach bisheriger menschlicher Erfahrung auch sonst?) er ist nicht hier: ER IST AUFERSTANDEN!“
Diese Botschaft gilt nur den Frauen. Die Wächter sind von dem Ereignis so verschreckt, dass sie die Botschaft des Engels nicht hören können. Und ihnen fehlt der Bezug zum Gekreuzigten, zum Keim der Hoffnung, der jedoch in den Frauen schlummert. Sie haben Erfahrungen mit diesem Jesus gemacht, so dass sie die Botschaft wirklich treffen kann.
Diese Frauen, die nicht in ihrer Trauer verharrt sind, sondern sich auf den Weg gemacht haben, hin zum Grab; sich in Bewegung haben bringen lassen hin zum Grab, mit Zukunft und Hoffnung im Herzen.
Diese Frauen, die schon unbewusst einen neuen Horizont in sich getragen haben: den Horizont des österlichen, des ewigen Lebens.

(Gott handelt und wirkt - von der Furcht zur Freude)
Mit keinem Wort wird von Matthäus die Auferstehung beschrieben. Warum auch? Es geht nicht um das “Wie?”, sondern um das “Dass!”. Dass es geschehen ist, dass es für diese Frauen jetzt erfahrbar wird, ist das Entscheidende!
Die Worte des Engels und die Ereignisse am Grab schaffen für die Frauen einen Übergang. Einen Übergang von der Furcht zur Freude. Doch dieser Übergang geschieht langsam und Matthäus erzählt dies mit bedacht.
Die Botschaft des Engels hat sie in Bewegung gebracht, weg vom Grab, weg vom Ort des Todes. Dieser hat jetzt keine Macht mehr. Noch aber gehen sie mit Furcht und Freude. Noch ist ihre Angst nicht restlos besiegt!
Und in diese Bewegung hinein, in diesen Aufbruch hinein, den der Engel bewirkt hat, begegnet ihnen Jesus selbst und bestätigt das, was der Engel

ihnen verkündet hat, ganz leibhaftig. Sie ergreifen ihn; wollen gewahr werden: Es ist keine Einbildung, kein Hirngespinst: Es ist Jesus selbst!
Ihm griechischen Original spricht Jesus den Frauen als Gruß zu: "Freut euch!" Er bestätigt und vertieft damit die große Freude. Und er erneuert den Zuspruch Gottes: "Fürchtet euch nicht!"
Jetzt erst ist ihre Freude vollkommen. Die Begegnung mit dem Auferstandenen befreit von Angst und Furcht.

(Taufe gibt uns Anteil an dieser Freude)
Die Botschaft der heutigen Nacht, die Botschaft von Ostern ermöglicht einen Perspektivenwechsel; sie hat die Kraft unsere Angst und Furcht in Hoffnung und Freude zu verwandeln.
Durch unsere Taufe sind wir, wie Paulus in der letzten Lesung schrieb, mit hineingenommen ist dieses Geheimnis. Durch die Taufe haben wir die Freude über das österliche Leben schon ins Herz gepflanzt bekommen. Wir tragen unsere Perspektive auf Hoffnung und Zukunft bereits in uns. Deshalb sind Taufe und Tauferinnerung fester Bestandteil jeder Osternachtsfeier.
Durch die Feier der Auferstehung heute Nacht, durch die Begegnung mit dem Auferstandenen, durch eine lebendige Beziehung zu ihm, werden wir mehr und mehr gewahr:
ER ist aus Dunkel und Tod auferstanden. ER ist aus der Tiefe von Angst und Furcht gestiegen und damit immer bei uns. Seine Hand hält uns. Wo immer wir auch fallen, wir fallen in seine Hand. Auch an der Schwelle des Todes ist er für uns da. Dort, wo niemand mehr mit uns gehen kann, wartet er auf uns und macht alle Finsternis zu Licht.
In der Taufe haben wir unser Leben in seine Hand gelegt, so lebt und geht der Auferstandene nun mit und für uns.

(Botschaft des Lebens in Zeiten des Todes)
Die Botschaft der heutigen Nacht hat eine Kraft zur Verwandlung. Zur Verwandlung unserer ganz persönlichen Ängste und Nöte. Eine Kraft zur

Verwandlung aber auch im Blick auf so vieles in unserer Welt. Denn sie gibt die Zusage: Gott wirkt. Er wirkt das Leben. Er schenkt eine Perspektive, die über das Leid und den Tod hinaus weist. Die Zusage: Die Liebe ist stärker als der Tod.

Ostern macht die Erde nicht zum Himmel. Sie bleibt bedroht, verletzlich und endlich. Aber manchmal kommt der Himmel auf die Erde, wird Ostern mitten unter uns Wirklichkeit. Manchmal können wir das Wunder der Auferstehung ganz konkret erfahren, wenn wir seiner Kraft trauen und das tun, was manchmal als einziges noch hilft: beten.

Voll Vertrauen um seine Gegenwart. Voll Vertrauen um eine lebendige, lebensspendende Beziehung zu IHM.

Denn seine Zusage steht: "Fürchte dich nicht!" Ich bin auferstanden! Ich habe Leben für dich bis in Ewigkeit.

Jesu 5-W´s für das verwirrte Herz

(5. Sonntag der Osterzeit - Lesejahr A - Joh 14,1-12)

(Die 5-W-Fragen beim Notruf)

Wenn Menschen einen Notruf absetzen, dann sollen sie sich dabei an den sog. 5-W´s orientieren, so lernen wir es im Erste-Hilfe-Kurs. Die fünf Fragen, die sich dahinter verbergen, gewährleisten eine gute und schnelle Hilfe; die Chance auf sichere Rettung: *Wer ruft an? Wo ist der Einsatzort? Was ist passiert? Wie viele Verletzte? Warten auf Rückfragen?*

(Notruf an Jesus)

Auch dem eben gehörten Abschnitt aus dem Johannes-Evangelium geht ein "Notruf" der Jünger voraus, denn Jesus beginnt ihn mit: *"Euer Herz lasse sich nicht durcheinanderschütteln"* (so Joh 14,1 wörtlich!). Die Jünger sind in Sorge, in Angst und Not. Sie spüren, dass ihr Herr und Meister einen schweren Weg vor sich hat. Wir stehen mit dem Text ja noch vor Karfreitag.

Und Jesus nimmt ihre Ängste ernst, wird er doch selbst in der Nacht von Getsemani zutiefst erschüttert. Er verbietet deshalb auch die Angst nicht, sondern weist einen Weg, damit fertig zu werden und sie zu überwinden.

(Jesu 5-W´s)

Jesus spricht seinen Jüngern seine 5-W´s für den Notfall des Herzens, für Angst und Verwirrung zu:

1. ***Wer ist Halt?*** Allein Jesus. Durch ihn finden wir den Weg zum Vater, den Weg zum Leben. Jesus selbst ist zugleich Weg, Ziel und Erfüllung. An ihm kommt niemand vorbei.

Er ist die absolute und definitive Antwort auf die Sehnsucht von uns Menschen.

Er hat durch seinen Weg, den er gegangen ist, für uns den Weg frei gemacht.

Er hat die völlige Wahrheit Gottes, seine Verlässlichkeit und Treue verkündet und bezeugt - bis zuletzt; bis in den Tod.

Er eröffnet uns eine Qualität von Leben, die alle menschliche Vorstellungskraft übersteigt.

2. ***Was verheißt er uns?*** Einen Platz bei Gott. Die Bilder vom Haus und vom Wohnen sprechen ein tiefes menschliches Bedürfnis an: zu Hause sein, Heimat zu haben, Geborgenheit zu finden. Jesus sagt uns dies zu: Jeder hat einen Platz am Herzen Gottes - für immer und ewig. Jetzt schon kann ich bei ihm Ruhe und Gelassenheit finden in allem Getrieben-Sein, in aller Rastlosigkeit, bei allem Druck. Und auf ewig wird er mir einen Platz bereiten, der jedes irdische Maß übertrifft.

3. ***Wie geht es?*** Allein durch glauben! *"Glaubt an Gott und glaubt an mich!" (Joh 14,1)*. Wer sich auf Gott, den Herrn über den Tod, und seinen Sohn einlässt, braucht sich im Grunde nicht mehr zu fürchten.

Im Johannes-Evangelium ist das Wort "glauben" immer ein Verb, nie ein Hauptwort. Das unterstreicht: Glauben ist nichts Statisches, nichts Festes. Glauben ist immer ein Prozess, eine Entwicklung. Das immer wieder neu

eintauchen in den göttlichen Lebensgrund. Das immer wieder vertrauen und neu einlassen auf seine Verheißung.
Der Unsicherheit und Verzagtheit setzt Jesus die Kraft des Glaubens entgegen; eine Kraft, die sogar Berge versetzen kann.
Und es sind "viele" Wohnungen bei Gott. Dies meint auch: Jede/r kann den ihm gemäßen Zugang zu Gott finden. *"Es gibt so viele Wege zu Gott, wie es Menschen gibt",* sagte Papst Benedikt einmal dazu.
4. ***Wann geschieht es?*** Bereits jetzt und hier. Im Kontakt mit dem auferstandenen Herrn. Jesus erschließt eine Perspektive für heute und für die Zukunft. Denn wir sind jetzt schon Erlöste, Befreite, Geliebte und Auferstandene.
Damit gibt er auch die Antwort auf das 5-W: Es ist ***kein Warten mehr nötig***, keine Rückfrage bei Gott: *"Wer mich sieht, sieht den Vater!" (vgl. Joh 14,9).*

(Die 5-W´s: Zuspruch und Anspruch)
Aus diesem Zuspruch erwächst aber auch ein Auftrag. Wie Christus unser aller Weg zum Vater ist, so sollen auch wir Weg sein für andere, Weg hin zu Gott. *"Der Mensch ist dem Menschen Weg zu Gott."* (R. Guardini). Das heißt, wie Jesus muss ich mich in seiner Nachfolge auf den anderen einlassen, ihm Wegweiser sein, ihn ermuntern, stärken, stützen und trösten:
*Den Suchenden und Unsicheren durch einen wohlwollenden Blick.
*Den Alten und Kranken durch ein offenes Ohr, eine stärkende Hand.
*Den Traurigen durch ein gutes Wort.
Wer beim Anderen bleibt, wird Weggefährte; wer wegbleibt wird lieblos und kommt damit auch selbst vom Weg ab, geht sprichwörtlich in die "Irre".

Bei all unserem Tun, mit unserem ganzen Leben dürfen wir uns begleitet wissen von Jesus selbst, der uns voran geht und uns durch seine 5-W´s für den "Notfall" den Weg weist. Die 5-W´s durch die er sagt: ***Durch den Glauben an mich habt ihr einen unverlierbaren Platz bei Gott. Jetzt, in dieser Welt und in Ewigkeit.***

Kein starrer Blick zum Himmel, sondern Osteraugen für die Menschen

Christi Himmelfahrt – Lesejahr C – Apg 1,1-11 und Eph 1,17-23

Wenn uns etwas in den Bann zieht - eine Sache, ein Ereignis oder ein Mensch - dann können wir manchmal nicht mehr die Augen davon lassen. Dann sind wir wie elektrisiert und fixieren. Dann starren wir. Oft so, dass wir die Umwelt nicht mehr wahrnehmen. Wenn uns etwas richtig fesselt und in seinen Bann zieht, dann sind wir für einen Moment wie in Trance; unser Körper ist dann unbeweglich, träge und starr.

Nicht selten braucht es dann einen Anstoß von außen, um die Starre zu lösen; um den Blick wieder frei zu haben, um wieder wirklich wahrnehmen zu können, was um uns herum geschieht.

„Ihr Männer von Galiläa, was steht ihr da und schaut zum Himmel empor?" (Apg 1,11). So lautet der Anstoß von außen durch die zwei Männer in weißen Gewändern.

Die Jünger blicken zum Himmel empor. Sie sind gefangen von dem, was sie sehen im Bild der Himmelfahrt Jesu. Ihre Gedanken und Blicke gelten dem, was war. Es sind die Erinnerungen, die sie in Beschlag nehmen und fesseln.

Ist es denn falsch am heutigen Festtag den Blick in den Himmel zu richten? Natürlich braucht es auch den Blick in den Himmel, in die Hoffnung zu der wir alle unterwegs und berufen sind. Natürlich braucht es auch den Blick auf das, was uns als Christen verheißen ist: die Herrlichkeit des Himmels, die Herrlichkeit Gottes.

Und dennoch lässt Lukas, der Autor der Apostelgeschichte, die beiden Männer in den weißen Gewändern korrigierend eingreifen. Durch eine himmlische Stimme; eingreifen durch die Autorität Gottes, die hier spricht.

Denn die Männer von Galiläa sollen nicht zu trägen Himmelsguckern erstarren, sondern lebendige Zeugen für die Verkündigung im Namen Jesu sein (vgl. Apg 1,8).

Natürlich braucht es auch den Blick in den Himmel. Aber es geht zuerst darum, den Himmel hier auf Erden für alle Menschen zu ermöglichen; Stück für Stück weiter am Reich Gottes zu bauen.

Und wer nicht zum Himmel blickt, der blickt auf die Erde, der blickt auf den Menschen. Der österliche Glaube zeigt sich dort, wo wir den anderen Menschen sehen; wo wir ihn sehen im Blick des Auferstandenen - im Blick Jesu Christi.

Und der Blick Jesu ist immer ein aufmerksamer Blick auf den konkreten Menschen mit seiner Begrenzung, mit seiner Angst, mit seinen Sorgen und seiner Not. Der Blick Jesu ist immer ein Blick, der diese Situation wandeln will, der zur Veränderung und zur Umkehr ruft aus der Kraft des Heiligen Geistes heraus.

Jesus hat uns für diesen Blick auf die Menschen seinen Geist der Weisheit und Offenbarung geschenkt, wie Paulus es im Epheserbrief ausgedrückt hat (vgl. Eph 1,17). Damit wir IHN erkennen im Gegenüber; und sei dieses auch noch so schwach und entstellt.

Durch den Auferstandenen - dessen Himmelfahrt wir heute feiern - ist uns ein anderer, ein neuer Blick auf die Menschen möglich; ein Blick mit den Augen des Herzens, um deren Erleuchtung Paulus ja eindeutig bittet (vgl. Eph 1,18). Ein Blick, der im Hier und Jetzt zum Zeichen für einen geöffneten Himmel wird.

Der frühere Bischof von Aachen Klaus Hemmerle hat diesen Blick einmal so zusammengefasst:[7]

Ich wünsche uns Osteraugen,
die im Tod bis zum Leben,
in der Schuld bis zur Vergebung,
in der Trennung bis zur Einheit,
in den Wunden bis zur Herrlichkeit,

[7] Quelle: siehe Fußnote 3.

im Menschen bis zu Gott,
in Gott bis zum Menschen,
im Ich bis zum Du
zu sehen vermögen.

Zu einem Blick mit Osteraugen lädt auch uns heute der korrigierende Zwischenruf der Männer in Weiß ein: *„Ihr Menschen aus N. N. (Name der Gemeinde), was steht ihr da und schaut zum Himmel empor?"*
Er ist Aufforderung, sich mit österlichen Augen den Menschen - allen Menschen - zu zuwenden, auch den Schuldigen und Verwundeten. Er ist Erinnerung an meinen christlichen, österlichen Auftrag: Wo ist der Mensch, mein Nächster, der meine Aufmerksamkeit, meine Zuwendung, meinen guten Blick, mein gutes Wort und meine konkrete Tat der Liebe braucht?
-Pause-
Der Zwischenruf ist Anstoß, sich aus der Starre zu lösen. Aus der trägen Himmelsvertröstung und dem Verweis auf Anderes oder Wichtigeres aus zu steigen und in die Fußstapfen Jesu zu treten. Sich in seinem Namen und Auftrag DEM zu zuwenden, der mich als seinen Nächsten braucht. Und dieser liegt oft näher als gedacht:

„Immer ist die wichtigste Stunde die gegenwärtige;
immer ist der wichtigste Mensch, der, der dir gerade gegenübersteht;
immer ist die wichtigste Tat die Liebe."

So hat diesen Auftrag der mittelalterliche Mystiker Meister Eckhart zusammengefasst.

„Ihr Menschen von N. N. (Name der Gemeinde), steht nicht da und schaut zum Himmel empor. Richtet euren Blick auf die Erde, auf den Menschen und lasst für ihn den Himmel auf Erden ein Stück weit Wirklichkeit werden."

Kraft zur Verwandlung und Veränderung durch den Geist Jesu Christi

Pfingstfest – Apg 2,1-11 und Joh 15,26-27;16,12-15

(Ostern und Pfingsten: Kraft zur Verwandlung und zur Veränderung)

"Seht, der Stein ist weggerückt,
nicht mehr, wo er war.
Nichts ist mehr am alten Platz,
nichts ist, wo es war.

Seht, das Grab ist nicht mehr Grab;
tot ist nicht mehr tot;
Ende ist nicht Ende mehr;
nichts ist, wie es war."[8]

Dieser österliche Text von Lothar Zenetti ist geprägt von Veränderung und Verwandlung. *"Nichts ist, wie es war."* Das heißt Neubeginn, Aufbruch.

Er passt für mich gleich auf zweifache Weise zum heutigen Gottesdienst und Tag:

1. Zuerst einmal ist es ein österlicher Text. Mit Pfingsten endet liturgisch gesehen die Osterzeit und bekommt eine kraftvolle und dynamische Krönung. Doch Ostern ist nicht nur sieben Wochen lang, sondern das ganze Jahr; das ganze Leben. Das, was wir an Ostern feiern, soll unser ganzes Leben tragen und prägen. Diese Kraft der Verwandlung, die am Ostermorgen aufscheint: *"Seht, der Stein ist weggerückt"*; diese Kraft, die uns heute nochmals ausdrücklich durch den Geist Gottes zugesprochen wird, soll uns leben, wachsen, reifen und bestehen lassen.

2. Und zum Zweiten passt die Dynamik des Textes von Zenetti, die Dynamik der Veränderung, der Verwandlung, des Aufbruchs genau zum heutigen Pfingsttag. Wo, wenn nicht an Pfingsten, kam der entscheidende Impuls für die junge Kirche, den Aufbruch, den Neubeginn zu wagen? Nach dem Geist,

---

[8] Text aus Lied Nr. 800 im Gotteslob 2013 (Eigenteil für Rottenbug-Stuttgart und Freiburg).

dem Brausen, dem Sturm vom Himmel, war "*nichts mehr, wie es war*". Eine neue, absolut andere Begeisterung. Pfingsten, das Fest des "Alles-anders." (vgl. Lesung Apg 2,1-11).

"*Als der Pfingsttag gekommen war...*", begann die Veränderung. So wie damals in Jerusalem, so ist er auch heute gekommen, so kommt er jedes Jahr aufs Neue. Immer dort, wo sich Menschen in seinem Namen versammeln und offen sind für diesen Geist. Er kommt jedes Jahr aufs Neue, damit wir immer mehr, immer tiefer und immer stärker durch diesen Geist Gottes die Kraft der Verwandlung und Veränderung spüren, damit wir immer durchlässiger werden für sein Wirken.

So wie damals, so ist er auch heute gekommen. Dies meint: diese Kraft der Verwandlung, der Veränderung, die Dynamik des Neubeginns, die vom Geist Jesu Christi ausgeht gilt auch uns hier und heute. Sie wird wirksam in meinem Leben, wenn ich auf diesen Geist Gottes baue und auf ihn vertraue.

Viele Menschen, von denen die Heilige Schrift berichtet, haben dies am eigenen Leib erfahren: durch die Begegnung mit Gottes Geist, durch Jesus Christus richten sich Enttäuschte wieder auf; verwandelt sich Resignation in Hoffnung, Zerrissenheit in Ganzheit, Selbstablehnung in Selbstannahme, Stummsein in Sprechen, Lähmung in Lebendigkeit und Gefangensein in Freiheit. Die Botschaft Jesu ist eine Botschaft der Verwandlung und der Veränderung - ganz konkret vom ihm bezeugt.

("Steine, die verrückt werden sollen" - in meinem Leben)

"*Seht, der Stein ist weggerückt*". Ist dies nicht ein Bild für Verwandlung, das auch uns trifft? Ist der Stein, der das Grab behütet, nicht auch ein Bild für die vielen Steine, die auf uns und unserem Leben liegen? Für die vielen Dinge, die uns belasten und uns die Kraft zum Leben nehmen?

Das heutige Fest des Heiligen Geistes ist für mich zutiefst auch Anlass zu fragen: Welche Steine belasten mich? Welche Steine liegen auf mir und meinem Leben und müssen weggerückt werden? Wo sehne ich mich nach

Veränderung, nach Verwandlung? Wo möchte ich mir selbst zusprechen können: *"Sieh, der Stein ist weggerückt"*? Wo brauche ich in meinem Leben Gottes stärkenden, belebenden, und neuschaffenden Geist?

(Kraft zur Verwandlung durch das Vertrauen auf Gottes Geist)

Zenetti und die Texte des Pfingsttages machen eine tiefe christliche Wahrheit deutlich, in dem sie uns die Zusage geben: Wer glaubt und vertraut, wer auf die Kraft Gottes setzt, wird Verwandlung und Veränderung erfahren.

Glauben und vertrauen meint ja gerade nicht "mein Wille", sondern eben "dein Wille" geschehe, so wie wir Christen bei jedem Gottesdienst und oft auch darüber hinaus beten.

Glauben und vertrauen heißt: Gott führe du mich den Weg, den ich nicht gehen will (oder alleine gehen kann).

Glauben und vertrauen meint: Ich gehe meinen Weg, auch wenn ich ihn bis ins Letzte hinein nicht verstehe und auch nicht verstehen werde („doch du bist bei mir", vgl. Ps 23,4).

Die Apostel verstanden nach den Geschehnissen des Karfreitages nichts mehr und versteckten sich aus Angst. Sie waren im wahrsten Sinne des Wortes verwirrt und durcheinander.

Wer auf Gottes Geist vertraut, wer um ihn bittet, wer sich von ihm erfüllen lässt, der bekommt eine Kraft zum Aufstehen aus Resignation, Zerrissenheit, Lähmung und Gefangensein. Nicht immer nach menschlichen Plänen und Wünschen, aber immer mehr und genug Kraft zum Gehen.

(Kraft zur Verrückung - auch für den ewigen Stein des Todes)

Die Kraft der Verwandlung, der Veränderung, die Dynamik des Neubeginns, die vom Geist Jesu Christi ausgeht gilt uns schon hier und heute. Wir haben aber auch die Zusage über dieses Leben hinaus: *"Seht, der Stein ist weggerückt, ... Grab ist nicht mehr Grab; tot ist nicht mehr tot."* Wir haben in und durch Jesus Christus die Zusage, dass Gottes Geist uns auch in der Ewigkeit verwandelt: Auferstehung ist die Verwandlung schlechthin. Tod in

Leben, Dunkelheit in Licht, Angst in Vertrauen, das Grab in den Ort der Engel.

(Die Botschaft der Verrückung und Verwandlung auch für die Welt)

Zenetti und die Texte des Pfingsttages zeichnen ein starkes christliches Hoffnungsbild: Kraft für das Leben und über das Leben hinaus.

Aus dieser Kraft wächst aber auch der Auftrag zum Zeugnis: *"Der Geist der Wahrheit, ..., wird für mich Zeugnis ablegen. Und auch ihr sollt Zeugnis ablegen." (Joh 15,26.27)* Jesus gibt uns den Auftrag, gestärkt durch den Geist Gottes - durch den Geist der Wahrheit - immer wieder neu die Botschaft der Verwandlung und Veränderung, die Kraft zur Verrückung der Grabsteine, die Hoffnung auf Auferstehung, in unsere Welt zu tragen.

In eine Welt, die uns täglich viele zerrissene, gelähmte, gefangene und selbstablehnende Facetten zeigt. In eine Welt, die nach der Kraft der Verwandlung hungert.

Einer Kraft, die uns im Glauben und Vertrauen geschenkt ist. Eine Kraft, die bereits in der offenen und ehrlichen Begegnung zwischen zwei Menschen spürbar wird.

Jesus gibt uns den Auftrag, gestärkt durch den Geist Gottes, durch den Geist der Wahrheit immer wieder neu ins Bewusstsein dieser Welt und Gesellschaft zu bringen, was nach den Augen Gottes wahr, gerecht und gut ist, was seine Maßstäbe sind:

- Wahr ist, dass Gottes Liebe allen Menschen gilt, ohne Vorbedingung, ohne Vorleistung, auch wenn manches Lebensschicksal dies gerade nicht (mehr) erahnen lässt.
- Wahr ist, dass Wert und Würde des Menschen nicht mit seiner körperlichen oder geistigen Leistungsfähigkeit endet. Ob gesund oder krank - der Mensch ist von Gott geliebt.

- Wahr ist, dass der Mensch vom Augenblick seiner Empfängnis an Mensch, und damit unverfügbar ist. Dass er sich als Mensch und nicht zum Mensch entwickelt und deshalb ab diesem Zeitpunkt zu schützen ist.

Diese Kraft, diese Zusage, dieser Auftrag ist allen Christen verheißen und beschränkt sich nicht auf eine bestimmte Konfession - im Gegenteil: Dort, wo die Kraft der Verwandlung zusammenwirkt; dort, wo der Geist der Wahrheit mit doppelter Stimme verkündet wird, kann sich erst wirklich nachhaltig etwas verändern.

"Seht, der Stein ist weggerückt,
nicht mehr, wo er war.
Nichts ist mehr am alten Platz,
nichts ist, wo es war.

Seht, das Grab ist nicht mehr Grab;
tot ist nicht mehr tot;
Ende ist nicht Ende mehr;
nichts ist, wie es war.

Seht, der Herr erstand vom Tod;
sucht ihn nicht mehr hier;
geht mit ihm in alle Welt;
er geht euch voraus."

Im Glauben und Vertrauen auf Jesus Christus und die Zusage seines Beistandes dürfen und sollen wir unseren Weg gehen: in seiner Nachfolge - hinter ihm her. Von ihm gestärkt, geführt, geleitet und geliebt. Und zwar alle, die sich zu ihm bekennen, unabhängig von ihrer konfessionellen Prägung. Dann, diese Zusage steht, werden wir seine Kraft zur Verwandlung, zur Veränderung, zur Neuschöpfung, dann werden wir seinen Geist erfahren - für unser Leben und für unsere Welt.

Berührt zum Leben

13. Sonntag im Jahreskreis - Lesejahr B - Mk 5,21-43

(Berührungen gehen tiefer als Worte - Berührungen können verändern)

„Ein Kuss sagt mehr als tausend Worte."

Dieses Sprichwort bringt die Wirklichkeit ins Bild, dass uns Menschen Worte nicht genug sind, dass wir Gesten, Kontakt und Berührung brauchen.

Noch bevor der Mensch ein Wort versteht oder spricht, erfährt er seine Welt, sein Gegenüber durch Kontakt, durch Berührung. Die erste Erfahrung von Liebe und Zuneigung geschieht nicht über Worte, sondern durch Berührung.

„Ein Kuss sagt mehr als tausend Worte." Dieses Sprichwort sagt auch, dass Gesten und Berührungen tiefer gehen als Worte.

Es gibt Momente im Leben, in denen Berührungen eine stärkere, tiefere und schnellere Beziehung schaffen als jedes Wort es vermag. Situationen, in denen eine Berührung ein „Mehr" ausdrückt, das mit Worten nicht zu sagen ist.

Manchmal eröffnet eine Berührung erst einen Zugang für Weiteres, schafft Grundlage für Beziehung und Veränderung. Eine ausgestreckte Hand zur Versöhnung nach einem Streit. Ein mitfühlender Händedruck in Situationen von Verlust und Trauer. Eine innige Umarmung als Zeichen der Freundschaft. Ein Kuss, der mehr sagt als tausend Worte.

(Zwei Berührungsgeschichten)

Das Evangelium erzählt uns heute gleich zwei Berührungsgeschichten. Und die Lebens- und Leidensgeschichten der beiden Frauen darin sind so eng miteinander verwoben, dass sie auch der Evangelist Markus verbindet:

- In der ersten sucht eine blutflüssige, kranke Frau die Berührung mit Jesus: *„Wenn ich auch nur sein Gewand berühre, werde ich geheilt." (Mk 5,28)* All ihre Hoffnung und all ihr Vertrauen setzt sie in diesen Jesus. Sie glaubt, er kann sie heilen und wieder in die Gesellschaft zurückholen. Denn sie ist sozial ausgeblutet. Ihr Lebensstrom ist versiegt. Sie gilt durch ihre Blutungen als unrein, als Außenseiterin. Sie glaubt, Jesus kann das schaffen, was alle ärztliche Kunst bisher nicht konnte. Mit diesem Glauben drängt sie sich von hinten an ihn heran und berührt verstohlen sein Gewand.

- In der zweiten Erzählung - die eigentlich die erste ist, und nur unterbrochen wird - wird Jesus um die Berührung gebeten. Jairus bittet ihn um Handauflegung für seine sterbenskranke Tochter. Mit zwölf Jahren ist sie nach jüdischem Verständnis im heiratsfähigen Alter. Und jetzt soll ihr junges Leben verlöschen, ehe es richtig begonnen hat. Mit ihr würde auch die Zukunft des Vaters Jairus sterben. So ist es mehr als verständlich, dass dieser hoch angesehene Mann Jesus gar zu Füßen fällt.

(Von Jesus - berührt zum Leben)

Und Jesus nimmt sich der beiden Frauen an; berührt sie zum Leben. Er weiß um die Kraft, die in der Berührung steckt; um ihre Nähe und Tiefe, die sie schafft.

Immer wieder wendet er sich Menschen in der Berührung heilend zu. Doch in keiner anderen Erzählung des Neuen Testamentes ist das Wort „berühren" so zentral, wie in diesem Abschnitt. Jesus befreit die Frauen mit der Berührung aus ihrer Isolation, aus ihrem Tod.

- Der blutflüssigen Frau gibt er durch die Berührung Wert und Würde zurück; ermöglicht ihr wieder die Teilhabe an der Gesellschaft. Seine Anrede: *„Meine Tochter" (Mk 5,34)* unterstreicht dies: Du bist geheilt! Du gehörst wieder dazu! Und die Berührung mit Gottes Kraft erfährt die Frau am ganzen Körper. Als Funkenschlag von Mensch zu Mensch. Diese Kraft ergreift sie und lässt sie gar erzittern.
- Das tote Mädchen fasst er an der Hand und richtet es auf zum Leben. *„Talita kum - steh auf zum Leben" (vgl. Mk 5,41)*, ruft er ihr zu. Nimm wieder daran teil. Nütze es mit seinen Möglichkeiten. Gib es weiter und

schenke Kindern neues Leben. Die Bitte um Essen (vgl. Mk 5,43) unterstreicht nochmals das wirkmächtige Handeln Jesu: das Mädchen lebt wirklich. Es nimmt wieder voll am Leben teil.

Jesus holt im heutigen Evangelium beide Frauen aus ihrem Tod, berührt sie zum Leben. Durch ihn spüren sie leibhaftig Gottes Kraft. Er eröffnet ihnen neue Horizonte; ein Leben in Fülle, welches er jedem Menschen verheißen hat (vgl. Joh 10,10).

Jesus zeigt damit: Unser Gott ist ein Gott des Lebens (vgl. Weish 1,13; 1. Lesung). Unser Gott macht in Jesu Handeln deutlich: Ich will den Tod nicht. Ich will Heilung des Menschen an Leib und Seele, unabhängig von jedem sozialen Status. Ich will Leben. Leben für euch - jetzt, hier und heute. Meine Kraft der Auferstehung aus Krankheit, Leid und Tod - die das ganze Evangelium durchzieht - sie gilt jedem.

(Berührung kann verändern: mein Leben und durch mich das Leben anderer)

Durch Jesus berührt unser Gott zum Leben. Dies lässt mich im Blick auf die beiden Berührungsgeschichten im heutigen Evangelium in zwei Richtungen fragen:

1. Wo wünsche ich mir in meinem Leben eine solche Berührung? Eine Berührung, die mich aufrichtet und heilt. Wo möchte ich von Jesus zum Leben berührt werden? Was ist in mir „leblos“, „verkümmert“ oder „verwundet“ und braucht seine Kraft zur Verwandlung?
   Das Evangelium lädt uns ein, ihm voller Vertrauen alles hinzuhalten und um Heilung zu bitten: *„Sei ohne Furcht; vertraue nur!“ (Mk 5,36)* Die blutflüssige Frau und Jairus sind uns darin Vor- und Leitbild. Sie setzen all ihre Hoffnung in diesen Jesus, fallen gar vor ihm auf die Füße. Beide erfahren Gottes Kraft, die wieder leben lässt. Diese Kraft gilt auch mir.
2. Wo kann ich andere zum Leben berühren? Wo kann ich durch Berührung wärmen, verändern, trösten?

*Ich denke hier an eine Hand, die einen alten oder kranken Menschen hält. Bei einem Besuch, wo es kaum Worte braucht, sondern vielmehr ein offenes Ohr und ein offenes Herz.
*Ich denke hier an eine Hand, ausgestreckt zur Versöhnung - gerade auch wenn es Überwindung kostet.
*Ich denke hier an eine tröstende Hand, die neue Kraft gibt, bei einem Menschen in Trauer oder mit Verlusterfahrung.

Jesus will mich zum Leben berühren. Jesus will durch mich zum Leben berühren. Für mich ist das Evangelium uns dafür Zusage. Wenn wir ihm glauben und vertrauen, uns für seine belebende Kraft öffnen, dann wird sie möglich: die Berührung zwischen Himmel und Erde. Die Berührung zum Leben.

„Schlüsselgewalt" um Zugänge für die Menschen zu schaffen

21. Sonntag im Jahreskreis - Lesejahr A - Jes 22,19-23 / Röm 11,33-36 und Mt 16,13-20

(Ein Schlüssel birgt Macht und eröffnet neue Möglichkeiten)
Vor der verschlossenen Haustüre zu stehen und sich zu erinnern, der Schlüssel ist noch in der Wohnung; oder vor dem verschlossenen Auto zu stehen und zu sehen der Schlüssel steckt noch, gehört zu den unangenehmen Erfahrungen im Leben.
Mit einem Mal bin ich ausgeschlossen, habe keinen Zugang mehr.
Gut, wenn es dann jemanden gibt, bei dem ich einen Zweit-Schlüssel hinterlegt habe oder wenn mir ein Schlüsseldienst zur Hilfe kommt.
Der Zweit-Schlüssel oder der, der mir den Schlüssel bringt, eröffnet mir wieder Möglichkeiten, die vorher verschlossen waren: wieder in die Wohnung zu kommen oder das Auto wieder zu fahren.

Wer mir den Schlüssel bringt hat in diesem Moment auch eine gewisse Macht über meine Möglichkeiten. Nicht umsonst sprechen wir im Alltag auch von „Schlüsselgewalt".

(„Schlüsselgewalt" in den Lesungstexten)

Auch in der ersten Lesung und im Evangelium heute haben wir von Menschen mit „Schlüsselgewalt" gehört, denen damit Macht anvertraut wird.

Diese Macht von Gott her hat aber eine dienende Funktion, es geht nicht um Überlegenheit oder Stärke. Vielmehr um Fürsorge und Verantwortung. Es geht darum, den Menschen die Wirklichkeit Gottes in dieser Welt zu erschließen. Immer im Blick auf ihn ist die „Schlüsselgewalt" für Eljakim und Petrus zu verstehen.

Der Schlüssel als ein Zeichen von Macht, von positiver und dienender Macht. Denn gerade bei Petrus wird deutlich, dass Jesus ihm diese Gewalt aufgrund seines Glaubensbekenntnisses überträgt. Und diese Glaubenserkenntnis wiederrum ist ein Geschenk Gottes: *„nicht Fleisch und Blut, sondern Gott selber haben Petrus dies offenbart"* (V.17).

Dies macht diese geschenkte und nicht durch Leistung oder Begabung verdiente Macht besonders deutlich.

(„Schlüsselgewalt" für alle)

Im heutigen Evangelium wird ausdrücklich Petrus die „Schlüsselgewalt" anvertraut - aufgrund seines Glaubensbekenntnisses. Er soll „binden und lösen", verschließen und eröffnen im positiven, im dienenden Sinn.

Genau zwei Kapitel später aber wiederholt Jesus das Wort „vom Binden und lösen" (vgl. Mt 18, 18) und spricht dabei nun ALLE an. Jede und jeder von uns hat damit „Schlüsselgewalt", die er im positiven und dienenden Sinn einsetzen soll.

Das heutige Evangelium macht damit deutlich, was unsere Kirche braucht: Menschen mit einem starken Glauben, die es wagen, sich zu Jesus als dem Sohn Gottes zu bekennen. Und wer das tut, der erschließt damit anderen

Menschen im wahrsten Sinne des Wortes den Himmel; denn der nimmt Jesu Wort und Handeln an den Menschen als Maßstab.

Nicht umsonst lässt Jesus hier mit dem *„Selig bist du"* (vgl. V. 17) seine Maßstäbe anklingen, die er in den Seligpreisungen ausgegeben hat: Frieden, die Sorge um materiell und geistig Arme, um Trauernde, den Aufruf zu Barmherzigkeit.

(„Schlüsselgewalt" für alle als Auftrag Zugang zu schaffen)

Jede und jeder von uns ist also aufgerufen innerhalb und außerhalb der Gemeinde Festgefahrenes zu lösen und Lebensfeindlichem Einhalt zu gebieten, es zu binden!

Zum Beispiel da, wo der Wert und die Würde des menschlichen Lebens nur unter dem Aspekt von Nutzen und Leistung gesehen wird.

Jede/r von uns hat „Schlüsselgewalt" als Glaubensgeschenk, als Frucht des Glaubensbekenntnisses. Jede/r hat damit den Auftrag Zugänge (wieder) zu erschließen und Türen zu öffnen. Im Kleinen wie im Großen.

- Ich denke hier bspw. an einen Streit, wo ich die Macht habe durch die Hand zur Versöhnung, die ich reiche, wieder eine Perspektive zu eröffnen.
- Ich denke hier aber auch an so manche üble Nachrede und den Tratsch der an mich herangetragen wird. Auch hier habe ich die Möglichkeit jemanden auszuschließen, in dem ich das Gehörte einfach nachplappere. Ich kann aber auch einen neuen Zugang schaffen, in dem ich Frage: „Was ist wirklich passiert?" oder wenn es geht am besten ganz schweige!
- Und ich denke hier an die Begegnung mit Menschen, die von Seiten der Gesellschaft oft als Ausgeschlossene gelten: Alleinerziehende, Arbeitslosengeld II - Empfänger, Kranke, Alte, Behinderte. Eröffne ich ihnen, wenn sich mir die Möglichkeiten bieten eine neue Chance oder

Perspektive, erschließe ich ihnen ein Stück vom Himmel, von Gottes Wirklichkeit oder halte ich die Tür zu ihnen lieber verschlossen?

Das heutige Evangelium ist auch konkrete Anfrage an uns als Kirchengemeinde: Hat jede/jeder bei uns einen Platz oder lassen wir Menschen vor verschlossenen Türen stehen?

(Zugänge für die Menschen – um Gottes Willen)

Gott erschließt sich jedem von uns grundlos und ohne Bedingung – allein aus Liebe. Davon spricht Paulus in der 2. Lesung.

Wie kann es dann bei uns anders sein? Auch wir sollen dem anderen ohne Bedingung und aus Liebe begegnen. Schon allein dadurch eröffnen sich neue Sichtweisen und Möglichkeiten.

Wir sollen dem anderen in Liebe begegnen, damit jeder, ohne zu fragen weiß, was meine Überzeugung, meine Antwort auf Jesu Anfrage ist: *„Du aber, für wen hältst du mich?“* (vgl. V. 15)

Wenn du einen Menschen ändern willst, dann liebe ihn

Caritassonntag - Mk 21,28-32

(Situation einer 15 Jugendlichen)

Eine Jugendliche - 15 Jahre - nennen wir sie Katja.

Mit 5 Jahren Scheidungskind, zwischen allen Stühlen; hin- und hergerissen; heimatlos. Mit 13 Schulabbruch - Flucht von Zuhause.

Haltung: Null Bock; „Ich will nicht - lasst mich in Ruhe!“

Ausdruck durch regelmäßigen Alkohol- und Drogenkonsum.

Image: Drückeberger – Verlierer!

Kein erfundener junger Mensch aus einer anderen Welt.

Eine Jugendliche aus unserer Diözese.

(Ein Rückweg ist möglich)

„Ich will nicht!“ Diese Worte stehen auch im Zentrum des heutigen Evangeliums. Doch das konkrete Handeln des zweiten Sohnes zeigt: Ein NEIN muss kein NEIN bleiben; ebenso wie beim ersten Sohn ein JA kein JA bleibt. Es muss sich immer erst im konkreten Tun beweisen, was hinter den Worten steckt, wie gehaltvoll sie sind. Es gibt immer die Möglichkeit, Fehlentscheidungen zu korrigieren; sie ins Positive umzukehren.

(Wenn du einen Menschen ändern willst, dann liebe ihn!)
Doch was war dazwischen? Zwischen dem „Ich will nicht!“ und dem Entschluss in den Weinberg zu gehen? Das Gleichnis berichtet uns davon nichts. Ebenso wenig von einer Belehrung oder Strafandrohung des Vaters. Doch Tatsache ist, der zweite Sohn geht.
„Es reute ihn“ (Mt 21,30b), schreib Matthäus. Reue, eine Bewegung die sich im Herzen abspielt - nicht im Kopf. Reue: der brennende Wunsch, etwas rückgängig zu machen. Bewusst schreibt Matthäus: *„Es reute ihn“*, und nicht: „Er hatte Einsicht“.
Für mich ist damit klar, die Beziehung zwischen Vater und Sohn stimmt. Es ist eine Grundhaltung zwischen ihnen da, die getragen ist, von gegenseitiger Achtung, von Offenheit und Angenommen sein - letztlich von Liebe. Ohne dies wäre Reue, die Bewegung des Herzens, nicht möglich. Ohne dies wäre der Sohn, vielleicht aus praktischen Gründen („Ich fliege Zuhause raus“) zur Einsicht gekommen, es hätte ihn jedoch nicht gereut.
„Wenn du einen Menschen ändern willst, dann liebe ihn!“
Nichts anderes schwingt für mich zwischen diesem Vater und seinem Sohn.

(Jesu Haltung als Leitfaden)
„Wenn du einen Menschen ändern willst, dann liebe ihn!“
Jesus ist für uns Lehrmeister in dieser Haltung. Bei seinen Begegnungen mit Menschen am Rande der Gesellschaft, ob mit Habgierigen oder Schamlosen, immer wieder zeigt er, dass er genau darauf setzt. Denjenigen, die am

meisten um ihr Versagen wissen, begegnet er mit Liebe: Zuwendung, Berührung, Tat. Keine Belehrung und kaum Worte.
Nur so ist es ihm möglich aus Irr- und Umwegen der Menschen, Rückwege zu machen; Rückwege zu Gott.

(Rückkehr ermöglichen durch Achtung)
„Wenn du einen Menschen ändern willst, dann liebe ihn!"
Was hat Katja verändert? „Wichtigste Erfahrung waren für mich Menschen, die mich anerkennen und mir vertrauen. Die zu mir halten und mir helfen, auch wenn ich einmal nicht einsichtig bin. Diese Menschen habe ich in der Mädchengruppe der Caritas in N. gefunden."
An diesem Sonntag stellt uns die Caritas unserer Diözese keine Habgierigen und Schamlose vor Augen. Im Mittelpunkt stehen benachteiligte Jugendliche, wie Katja, denen oft viel zu schnell der Stempel „Drückeberger" oder „Versager" aufgedrückt wird.
Weil ihre persönliche Lebensgeschichte (die psychisch kranke Mutter, der gewaltbereite Vater) ausgeklammert wird; weil ihnen Perspektiven (z. B. ein Ausbildungsplatz) und Begleitung fehlen, scheinen sie auf den ersten Blick, wie der zweite Sohn: „Die wollen nicht!"

Viele ermutigende Beispiele, wie das von Katja zeigen jedoch: Wenn der Rahmen stimmt, wenn das konkrete Interesse am Menschen das Handeln bestimmt, wenn ihnen Vertrauen und Achtung entgegengebracht wird, dann ist das Nährboden, das perspektivlose NEIN zum Leben, in ein JA zu den eigenen Fähigkeiten umzukehren.
Dann werden die Chancen ergriffen: der Schulabschluss nachgeholt oder die hundertste Bewerbung geschrieben.
Dann werden Irr- und Umwege zu Rückwegen; zu Rückwegen in die Gesellschaft.
Natürlich ist bei den großen Rahmenbedingungen die Politik in der Verantwortung. Aber im Kleinen, in den Gemeinden, Schulen, Familien und in

der alltäglichen Begegnung mit den Jugendlichen sind wir alle gefordert. Jede/r hat hier seine/ihre Möglichkeiten!

Katja heute: 20 Jahre. Hauptschulabschluss nachgeholt. Führerschein bestanden. Ausbildung abgeschlossen. Anstellung bei einer Metallfirma, eigenes Einkommen. Image: erfolgreiche junge Frau!

„Wenn du einen Menschen ändern willst, dann liebe ihn!“

Durch Interesse, Zuwendung, Annahme, Achtung, Einsatz.
Unser Mut dazu wird mit Rückwegen belohnt.
Herr, gib DU die Kraft dazu!

Entrissen der Macht des Todes

Allerseelen (Gräbersegnung - Totengedenken) - Kol 1,12-20

(*Dunkelheit macht Angst)*

In der letzten Woche haben wir die Uhren auf Winterzeit umgestellt. Das heißt: die Tage werden wieder kürzer. Am Abend wird es früher dunkel. Mit dem (heutigen) 1. November hat schon bei den heidnischen Völkern offiziell der Winter, das Winterhalbjahr begonnen, die kalte und sog. „dunkle Jahreszeit“.

Ob wir es zugeben oder nicht, das Dunkel macht uns Menschen Angst. Jedem einzelnen von uns!

Niemand ist gerne auf einer schlecht ausgeleuchteten Straße unterwegs; niemand macht gerne einen Waldspaziergang ohne Fackeln in dunkler Nacht. Und wenn, was in unseren Breiten eher selten ist, doch einmal der Strom und damit das Licht ausfällt, dann zünden wir sofort Kerzen an.

Die Angst vor der Dunkelheit ist eine UR-Angst des Menschen. Auch die Erfindung der Elektrizität, und somit Helligkeit 24 Stunden lang, hat uns diese Angst nicht nehmen können.

So ist es nicht verwunderlich, dass das Dunkel auch symbolische Bedeutung hat: In der Heiligen Schrift ist das Dunkel Sinnbild für Unheil und Zerstörung; letztlich für den Tod. Die Totenwelt der Bibel ist das Land der Finsternis.
Jeder Mensch trägt in seinem Unterbewusstsein die Angst vor dem Dunkel und somit auch die Angst vor dem Tod. Denn wir wissen, früher oder später ist unser Leben zu Ende. So sehr wir auch in diesem Leben Lichter anzünden - die Angst vor dem Dunkel des Todes bleibt!

(Jesus Christus erhellt das Dunkel des Todes)
Sehen wir uns vor diesem Hintergrund den eben gehörten Text aus dem Kolosserbrief an, denn er spricht ganz anders: *„Dankt dem Vater mit Freude! Er hat uns der Macht der Finsternis entrissen!" (V. 12a und 13)*
Paulus schreibt an seine Gemeinde die Antwort des Glaubens auf das Dunkel der Menschen, auf das Dunkel des Todes.
Der Text setzt der Dunkelheit des Lebens ein Licht der Hoffnung entgegen. Diese Hoffnung ist es auch, die uns heute hier zusammengeführt hat; diese Hoffnung ist es, die uns heute Lichter auf den Gräbern unserer Verstorbenen anzünden lässt.
So ist es gut, sich gerade heute erneut zusprechen zu lassen, dass die Finsternis des Todes keine Macht mehr über uns hat, dass wir ihr entrissen sind.
Doch was macht den Apostel so sicher?
Paulus macht seine Aussage fest an der Grundüberzeugung, ja an der Mitte unseres Glaubens: Jesus Christus, der geliebte Sohn des Vaters, ist von den Toten auferstanden! In seinem Brief beschreibt Paulus den Grund dieser Hoffnung in einem Lobgesang über Christus: *„Das Ebenbild Gottes, der Erstgeborene der Schöpfung, das Haupt des Leibes, der Erstgeborene der Toten." (V. 15 und 18)*
In unserer Mitte brennt die Osterkerze. Sie ist **das** Symbol für Christus, den Auferstandenen. Für Christus, den Erstgeborenen der Toten.

Sie ist Zeichen für den, der von sich sagt: *„Ich bin das Licht der Welt. Wer mir nachfolgt, wird nicht in der Finsternis umhergehen, sondern das Licht des Lebens haben."* (Joh 8,12).
Jesus sagt nicht: Ich bringe euch Licht, er sagt ich **bin** das Licht: **Ich** schenke unzerstörbares, ewiges Leben.
Licht, das Ur-Symbol für geglücktes und sinnerfülltes Leben.
Am Friedhof brennen auf den Gräbern der Verstorbenen Grablichter. Damit drücken wir unsere Freude darüber aus, dass wir, gestärkt durch die Worte der Heiligen Schrift, glauben dürfen, dass jeder Einzelne von ihnen
* von Gott Anteil an diesem Licht bekommen hat.
*aufgenommen ist in ein Reich, das nicht vom Dunkel des Todes bedroht ist.
*zur Gemeinschaft der Heiligen gehört, die wir ja am (heutigen) Allerheiligentag feiern.

(Das Dunkel bleibt, aber es ist erhellt vom Glauben)
Bleiben wir dennoch realistisch: Natürlich gibt es weiterhin Dunkelheit in unserem Leben:
*die Dunkelheit des Versagens vor den Anforderungen des Lebens,
*die Dunkelheit der Einsamkeit nach gescheiterten Beziehungen,
*die Dunkelheit einer plötzlichen Krankheit,
*die Dunkelheit von Schwäche und Alter mit den damit verbundenen Einbußen,
*die Dunkelheit durch den Verlust eines geliebten Menschen,
*oder eben die Dunkelheit, die Angst vor dem Tod.
Natürlich gibt es weiterhin Dunkelheit. Noch ist Gottes Herrschaft nicht vollendet. Doch sie ist angebrochen in und mit Christus. Sie ist angebrochen, weil das „Licht der Welt" hinabgestiegen ist, bis in den letzten Tod, bis in das letzte Dunkel und daraus auferweckt wurde.
Natürlich gibt es noch Dunkelheit - aber sie hat für uns, im Glauben an Jesus Christus, keine letzte Bedrohlichkeit mehr!

So sind diese Andacht, die Segnung der Gräber und die Lichter Zeichen dafür, dass Gottes Reich angebrochen ist, dass sein Licht in die Welt strahlt, wie es das Licht der Osterkerze tut.

Lassen wir uns von diesem Zeichen Mut und Hoffnung machen im Warten auf die Vollendung der Herrschaft Gottes, die eine moderne Dichterin so umschreibt:

„Du wirst den Tod in uns wandeln in Licht,
der Hoffnung gibst du ein neues Gesicht,
die Tränen trocknen, die Trauer zerbricht,
denn du bist da, du bist Leben und Licht."[9]

[9] Aus dem Lied: „Du wirst den Tod in uns wandeln„ von Kathi Stimmer-Salzeder, in: Spielmann Gottes sein. Liedsammlung Orientierung an Franziskus, 2001, Lied-Nr. 205.

3. Extra:

Was ist ein Diakon?

Themenpredigt zum Amt des Diakons –
Lev 19,1-2.11-18 / Apg 6,1-7 / Lk 22,24-27

(Was ist ein Diakon?)
Nach meinem Einführungsgottesdienst forderte eine Mutter ihre neunjährige Tochter auf: "Gratuliere doch dem Herrn Zeller, der ist jetzt Diakon". - *"Was ist denn ein Diakon?"*, fragte das Mädchen. "Das weiß ich nicht, antwortete die Mutter, das soll dir Herr Zeller erklären".
"Was ist ein Diakon?"
Welche Antwort würden Sie auf diese Frage geben?
-Pause-
Ich weiß natürlich nicht, was jede/r einzelne von Ihnen antworten würde. Ich kann mir aber ähnliche Unsicherheiten im Blick auf dieses Amt vorstellen, wie bei dieser jungen Mutter.
"Was ist nun ein Diakon?"
Am besten erschließt sich dies aus der Praxis:
*Da ist die alleinerziehende Mutter aus der Mutter-Kind-Gruppe, die mehr schlecht als recht ihre Kinder mit Hartz IV durchbringt, vor allem seit noch eine Krankheit dazu gekommen ist, die sie zusätzlich einschränkt.
*Da ist die alte, kranke Frau bei der Krankenkommunion, die an fortschreitender Demenz leidet, mehr oder weniger ans Bett gefesselt, der Mann verstorben; das einzige Kind wohnt weit entfernt.
*Da ist der arbeitslose Vater eines Firmanden, der (in der Wirtschaftskrise) seinen Job verloren hat, und sich jetzt zunehmend ausgegrenzt fühlt und unter dem Druck leidet, seiner Familie nicht mehr alles ermöglichen zu können.

*Da ist die Mutter aus dem Trauerkreis die wegen des Verlustes ihres Kindes durch eine schwere Krankheit nicht mehr glauben kann und mit „ihrem Gott" hadert.

Die Sorge um benachteiligte, vergessene, abgeschriebene und verzweifelte Menschen: dafür ist der Diakon da. Natürlich ist dies auch Aufgabe von allen Christen - aber der Diakon steht dafür - von Amts wegen - von der Kirche bestellt durch die Weihe.

Die Diakonie, der Dienst am Nächsten ist der Kirche so wichtig und wesentlich, dass sie dafür ein eigenes Amt geschaffen hat. Denn „eine Kirche, die nicht dient, dient zu nichts" (Jaques Gaillot). Unsere Kirche aber hat ein Amt für die Alleinerziehende, die Kranke, den Arbeitslosen, die Trauernde und so viele mehr, die am Rand stehen.

Ein Amt, das es schon seit der Urkirche gibt. Grundgelegt in der Wahl und Weihe der Sieben. Ein Amt, das vor knapp 50 Jahren von der Kirche wieder neu eingerichtet wurde, nachdem es im Laufe der Kirchengeschichte in Vergessenheit geraten ist. Als Durchgangsstation zur Priesterweihe blieb es erhalten: Jeder Priester wurde und wird zuvor zum Diakon geweiht: denn die Sorge um den Nächsten ist auch Grundlage seines Dienstes.

Ein Amt, das seit dem Konzil auch wieder verheirateten Männern offensteht, die ihre Erfahrungen aus Familie und Beruf einbringen sollen und damit die Kirche bereichern.

Im Amt des Diakons wird die Sorge der Kirche um Menschen in Not persönlich. Eine Sorge, die zuallererst Aufmerksamkeit und Zuwendung verlangt. Das unterscheidet den Diakon auch vom Sozialarbeiter. Es geht nicht um „können" und „machen", denn eine Lösung oder eine Antwort ist nicht immer möglich - aber wahrnehmen, da-sein, mit-sein, auch mit-leiden ist möglich. Daraus wird dann oft genug konkrete Hilfe: der Aufbau eines Besuchsdienstes, die Vermittlung der Einkaufsmöglichkeit im Tafelladen oder der Zwischenplatz bei der Arbeitslosen-Initiative.

Dabei kann, soll und muss der Diakon nicht alles selbst tun, er entlässt die Gemeinde nicht aus ihrer Verantwortung, sondern fordert als Anwalt der Schwachen immer wieder ein, der Not abzuhelfen. Der Diakon ist nicht der Macher - er ist Motor und Förderer diakonischen Handelns.
Die Kirche schafft also ein eigenes Amt für die Diakonie - aber dieses Amt ist voll und ganz zeichenhaft: Es besitzt nichts als das sakramentale Zeichen. Es ist ein Sakrament ohne Vollmacht (im Vergleich zum Priester). Alles was ein Diakon darf, dürfte mit entsprechender Beauftragung auch jeder Laie. Dies zeigt: es geht um das sakramentale Zeichen, nicht um „tun dürfen“, „können“ und „machen“. In erster Linie heißt es „Diakon sein“ - den dienenden Christus zu repräsentieren.

(Ursprung in Jesus Christus - dem Diakon)

Der Ursprung für diesen Dienst liegt in Jesus Christus. Er ist der Maßstab für dieses Amt. Und wie er sein Handeln versteht, bringt er im Evangelium in dem Satz zum Ausdruck *“Ich bin unter euch, wie einer der dient“ (Lk 22,27).* Würden wir hier wörtlich übersetzen, heißt es: „Ich bin unter euch wie ein Diakon.“ Jesus wurde und wird mit vielen Titeln benannt und bezeichnet. Die meisten davon hat er wohl selbst nicht gebraucht. Als Diakon hat er sich selber aber ausdrücklich bezeichnet, ist uns aber als solcher leider kaum bekannt.
Dass „dienen“ hier weniger einen Tischdienst, im Sinne von bedienen meint, sondern viel tiefer geht, wird klar, wenn wir das Wort „Diakon“ übersetzen: „der, der durch den Staub geht“. Jesus bezeichnet sich hier also als den, der für andere „durch den Dreck“ geht, der Schmutz, Elend und Aussatz teilt. In der Fußwaschung hat er uns dafür ein eindrückliches Zeichen hinterlassen, ein Zeichen, das in der frühen Kirche sogar ein Sakrament war: das Sakrament des Dienens, des Liebesdienstes am Nächsten.
Jesus macht damit eine tiefe Wahrheit des Christentums und auch des Judentums deutlich, welche sich auch im wichtigsten Gebot festmacht. Wir

haben es in der Lesung gehört: *„Ich bin der Herr, ich bin heilig und ihr seid heilig, deshalb sollst du deinen Nächsten lieben wie dich selbst" (Lev 19,18).* Und dies ist ganz konkret gemeint. Die Liste der Beispiele unterstreicht das. Ebenso der Hintergrund bei der Wahl der Sieben. Dass der Dienst des Diakons ein konkreter war und ist, macht heute noch sein liturgisches Gewand deutlich, welches er seit der Urkirche trägt: Mit Schürze, um die Gaben für die Bedürftigen zu sammeln. Mit Ärmeln, damit er zupacken kann. Denn Caritas ist konkret oder sie ist nicht!

(Diakon heute - Mahner und Erinnerer der Gemeinde)
Dass Gottesdienst und Menschendienst, wie im Gebot gefordert, untrennbar verbunden sind, machen Priester und Diakon dann deutlich, wenn sie gemeinsam am Altar stehen: Dem Priester fällt hier die Aufgabe zu, die Gemeinde zu erinnern, dass sie „nicht aus sich selbst" (Hilberath) lebt. Dass es einen Gott gibt, der Ursprung des Lebens ist, der uns leitet. Ihm gilt es in der Eucharistie „Dank zu sagen" und sich von ihm Kraft zu holen.
Und der Diakon soll nicht die Festlichkeit erhöhen, sondern die gleiche Gemeinde daran erinnern: „Du sollst deinen Nächsten lieben wie dich selbst". Diese Feier ist für dich auch Stärkung für den Dienst in der Welt. Hier ist jede/r gefordert, denn wir Menschen und wir als Kirche „leben nicht für uns selbst." (Hilberath) Wir brauchen den Anderen und der Andere braucht uns. Daran erinnert der Diakon und bringt aus seiner Arbeit auch alle die stellvertretend in seiner Person mit zum Altar, die nicht oder nicht mehr kommen können oder wollen: er bringt sie mit, die Alleinerziehende, die Kranke, den Arbeitslosen, die Trauernde und so viele mehr, die am Rand stehen.
Der Diakon erinnert daran, dass es diese Menschen gibt, auch wenn wir sie nicht auf den ersten Blick unter uns wahrnehmen. Auch ihnen gilt Gottes Liebe und Heil; auch sie brauchen die Aufmerksamkeit der Gemeinde. Das macht deutlich: dieses Amt ganz ohne Vollmacht gehört in diesem Sinne nicht dem, der es trägt, sondern denen, für die er stellvertretend steht. Die

Weihe ist damit auch eine Wertschätzung gegenüber den Menschen, die am Rand von Kirche und Gesellschaft stehen.
Auch seine weitere Aufgaben in der Liturgie machen dies deutlich: Er verkündet das Evangelium: im Alltag trägt er dazu bei, dass dieses Wort Hand und Fuß bekommt. Er fordert zum Friedensgruß auf: im Alltag verhilft er dazu, dass dieser Friede nicht nur ein Wort bleibt, sondern Stück für Stück Wirklichkeit werden kann. Er teilt das Brot des Lebens aus: Im Leben sorgt er sich um das Wohl des Menschen und verhilft dazu, dass Teilhabe am Leben möglich wird. Er entlässt die Gemeinde und erinnert sie daran, dass sie den Auftrag der Nächstenliebe auch im Alltag leben soll.
Damit wird klar - und ich zitiere hier sehr gerne meinen Bischof Gebhard Fürst - : *„ Diakone sind kein Mittel gegen den Priestermangel. Sie sind aber sehr wohl „not-wendig". Diakone sind Notwender, die die Gemeinden an ihren diakonischen Auftrag erinnern und damit Not wenden. Der Diakonat in seinem Wesen wird somit erst richtig deutlich, wenn es genügend Priester gibt. Priester sind nur durch Priester zu ersetzen und Diakone nur durch Diakone."* [10]
Beides braucht sich und ergänzt sich! Somit ist eigentlich in jeder Gemeinde, neben dem Priester auch ein Diakon notwendig! Meine Diözese ist hierbei auf einem guten Weg: es gibt fast 300 Diakone.

„Was ist nun ein Diakon?" Er ist zugleich Repräsentant des dienenden Christus; als auch Mahner und Erinnerer der Gemeinde an die stete Verpflichtung zum Liebesdienst.
So ist es gut, wenn (am heutigen Festtag,) Priester und Diakon gemeinsam am Altar stehen. Denn dies macht den doppelten Auftrag deutlich: sich im Gottesdienst stärken zu lassen, sich gewahr werden: du lebst nicht **aus** dir selbst, - *„du sollst den Herrn deinen Gott lieben"* - dafür steht der Priester. Und dann hinauszugehen und dies konkret zu teilen und zu leben: denn du

---

[10] Gebhard Fürst, Gott und den Menschen nahe. Diakone in missionarischer Kirche, Ostfildern 2010, S. 21.

lebst nicht **für** dich selbst, - *„du sollst deinen Nächsten lieben“* - dafür steht der Diakon.

Lassen wir uns heute, an diesem Sonntag daran erinnern und dazu ermutigen. Und beten wir um die Kraft, für unseren Nächsten da zu sein und ihn zu achten; an dem Ort an den Gott jede/n von uns gestellt hat und mit den Möglichkeiten, mit denen er uns beschenkt hat.

Damit durch uns, unsere Gemeinde und unsere Kirche diakonischer wird.

Gebet zur Predigt (in Anlehnung an Joh 13 - Fußwaschung):

Herr, wir bitten um deinen Segen und deine Kraft,
damit wir fähig werden und bereit sind,
uns hinunter zu beugen zu denen, die am Boden sind:
gedrückt von Krankheit, die ausgrenzt und Leben nimmt.
Gedrückt von Armut, die ausschließt und Zweifel nährt.
Gedrückt von Trauer, die lähmt und Leere bringt.
Gedrückt von Angst, die fesselt und vom Menschen trennt.
Gedrückt vom Hunger nach Leben, nach Liebe, nach Wert und Sinn.
Herr, wir bitten um deinen Segen und deine Kraft, damit wir es wagen.
Amen.

Verzeichnis der verwendeten Bibelstellen

mit entsprechender Seitenangabe zur Predigt:

Printed by Books on Demand GmbH, Norderstedt / Germany